FELÍCIO PONTES JR.

PREFÁCIO
DOM ERWIN KRÄUTLER, CPPS

ORGANIZAÇÃO
OSNILDA LIMA, FSP

POVOS DA FLORESTA

CULTURA, RESISTÊNCIA
E ESPERANÇA

Dados Internacionais de Catalogação na Publicação (CIP)
(Câmara Brasileira do Livro, SP, Brasil)

Pontes Junior, Felício
Povos da floresta: cultura, resistência e esperança / Felício Pontes Junior; [organização Osnilda Lima]. -- São Paulo: Paulinas, 2017.
-- (Povos da floresta)

Bibliografia
ISBN 978-85-356-4353-4

1. Amazônia - Descrição 2. Amazônia - História 3. Brasil - História 4. Comunidade - Aspectos sociais 5. Florestas - Amazônia 6. Índios da América do Sul - Brasil 7. Povos indígenas - Brasil I. Lima, Osnilda. II. Título III. Série.

17-09950 CDD-306.08998

Índice para catálogo sistemático:
1. Povos indígenas : Brasil: Sociologia   306.08998

1ª edição – 2017

Direção-geral:	Flávia Reginatto
Editora responsável:	Andréia Schweitzer
Copidesque:	Ana Cecilia Mari
Coordenação de revisão:	Marina Mendonça
Revisão:	Equipe Paulinas
Gerente de produção:	Felício Calegaro Neto
Capa:	Mateus Leal Guimarães Sales
Foto de capa:	Marcelo Camargo/Agência Brasil (Palmas/TO – Índios Kaiapó fazem apresentação durante coletiva de imprensa)
Produção de arte:	Claudio Tito Braghini Junior

Nenhuma parte desta obra poderá ser reproduzida ou transmitida por qualquer forma e/ou quaisquer meios (eletrônico ou mecânico, incluindo fotocópia e gravação) ou arquivada em qualquer sistema ou banco de dados sem permissão escrita da Editora. Direitos reservados.

Paulinas
Rua Dona Inácia Uchoa, 62
04110-020 – São Paulo – SP (Brasil)
Tel.: (11) 2125-3500
http://www.paulinas.org.br – editora@paulinas.com.br
Telemarketing e SAC: 0800-7010081
© Pia Sociedade Filhas de São Paulo – São Paulo, 2017

A meu pai (*in memoriam*), que nasceu
– e nunca deixou de ser – um ribeirinho
do Rio Maratauíra, Abaetetuba/PA.

SUMÁRIO

Nota do autor 7
Prefácio – "Ba ajê õ a-ma kumex" – a saudade dos Kayapó 11
Os índios isolados 21
Direito à consulta prévia 24
O socioambientalismo 27
Reservas extrativistas 30
As ameaças aos indígenas 33
Audiência pública ambiental 37
Estudo de Impacto Ambiental 40
A ditadura e os indígenas 43
Mineração em terras indígenas 46
O impacto invisível 49
Terras de quilombo 51
A bola da vez 54
A crise da água 57
Os rios aéreos da Amazônia 60
A mártir da Amazônia 62
A guerreira munduruku 65
América indígena 69
Soldados da borracha 72
O Gavião e a barragem 75
O veneno do dendê 78

O choque dos modelos 81
O ritual da menina-moça 84
O Ver-o-Peso e a procissão 87
O tardio funeral 90
O frade e a árvore 93
Nossa temperatura 96
Etnocídio no Xingu 99
O golpe duplo 102
Agonia do Velho Chico 105
Respeito aos diferentes 108
Recado ouvido 111
PEC 65 Não 116
O tratado e o massacre 119
Ameaça ao berço das águas 122
O quilombo do *Seu* Lalor 125
A medicina Yanomami 128
Povos vulnerabilizados 131
Mascote indígena 134
Tijuco Alto 137
O bioma Amazônia e os indígenas 140
Abril indígena 143
Ameaça silenciosa ao bioma Pantanal 146
De ataque em ataque 149
Pau D'Arco 152
Cadê a ilha que *tava* aqui? 155
O Kuarup e a estrada 159
A Renca 163
Sobre o autor 167

NOTA DO AUTOR

Este livro é uma coletânea de crônicas mensais publicadas pela *Revista Família Cristã* (FC) nos últimos quatro anos, em uma coluna chamada "Povos da floresta". Assumir a coluna não foi tarefa fácil. Minha mente passeava entre sensações distintas. Tinha, a alegria de escrever em uma revista que fez parte de minha formação e a preocupação em abordar um tema que não parecia ser do interesse da maioria da sociedade brasileira. Assim, a felicidade pelo convite contrastava com a responsabilidade de redigir sobre uma parte da população brasileira que historicamente vem sendo colonizada, explorada e invisibilizada.

A tarefa arremessava minha mente para a infância no interior da Amazônia. Todas as férias, saía de Belém do Pará para conviver com meus parentes em Abaetetuba/PA. Foi ali que fiz o primeiro contato com a FC, na década de 1970. Minha tia Benvinda (chamada carinhosamente de tia Santinha) era professora primária. Eu passava o dia nadando nos rios e igarapés, e apanhando graviola, cupuaçu e bacuri nos quintais dos outros – que sempre eram mais saborosos do que os do meu. Na boca da noite, eu me estirava na rede ao seu lado para ouvir o que continha naquela revista com páginas cheias de letras e fotos. As férias eram assim – e não poderiam ser melhores.

Minha experiência pessoal ajudaria na construção da coluna. Aliás, esta somente fazia sentido se servisse para afastar a invisibilidade forçada a que os povos da floresta foram submetidos. Portanto, o constante contato com os povos e comunidades tradicionais – que defendia por dever de ofício e de coração – deveria desaguar na divulgação de sua cultura, resistência e esperança. Essa divulgação é peça-chave na estratégia de lutar contra o preconceito que eles sofrem até os dias atuais. Não se luta a favor daqueles que não se conhece. E a invisibilidade permite que tantas atrocidades sejam cometidas até hoje. Algumas resultaram em genocídio. Outras em etnocídio.

Eu mesmo vivenciei intensamente alguns desses fatos. Quando curumim, em Abaetetuba/PA, vi a chegada de um "grande projeto de desenvolvimento da Amazônia" no vizinho município de Barcarena/PA. Era uma fábrica de transformação da bauxita em alumina. Era tão grandiosa, que tiveram de construir uma hidrelétrica no Rio Tocantins para suportá-la – a UHE Tucuruí. Não ouvi uma voz contrária. Afinal de contas, era o "progresso" chegando e estávamos em plena ditadura militar.

A cidade começou a inchar. Muita gente vinda de vários lugares do Brasil chegava para trabalhar na fábrica. Muitos eram da construção civil. Quando a obra civil acabou, eles ficaram esquecidos. O comércio local, pequeno e frágil, acreditou que enriqueceria. Grandes cadeias comerciais se instalaram e o comércio local quebrou, salvo raras exceções, que não se tornaram ricos, mas também não fecharam. Houve especulação imobiliária, crescimento desordenado, tráfico de drogas, assoreamento de igarapés, poluição, violência... O povo da floresta era invisível aos arautos do "grande projeto de desenvolvimento".

Esse acontecimento determinaria minha vida profissional. Minha visão de cada megaprojeto na Amazônia partia do sentimento dos povos da floresta, e não do que diziam os jornais sobre o assunto.

Aprendi muito com todos eles. Sobre os quilombolas, por exemplo, notei que sair da invisibilidade era o mais difícil para quem, por questão de sobrevivência, se via obrigado a viver nessa condição. Andei com eles em lugares que nenhum servidor federal havia antes passado. Dormia em comunidades que vivenciavam integralmente o bem viver.

Hoje o Pará possui o maior número de comunidades quilombolas reconhecidas no Brasil, por força de uma estratégia de luta que envolveu comunidades, ONGs, governos e Ministério Público. Mas muito ainda precisa ser feito.

A convivência com os indígenas, por outro lado, me fez quebrar muitos tabus e preconceitos. O primeiro deles é o de que não existe o povo indígena brasileiro. Cada qual é singular, é diferente do outro. Costumes, línguas, tradições... tudo muda de povo para povo. Chegava nas aldeias sempre a convite deles. Era sinal de que algo grave estava acontecendo, como invasão de madeireiros, grileiros, mineradores... Aproveitava para aprender tudo o que pudesse durante a estada ali. Lembro-me dos Araweté admirando as estrelas do céu como seus antepassados que lhes protegem – o que lhes faz renovar as forças todos os dias; dos Munduruku compartilhando a criação dos filhos com a aldeia; dos Zo'é, que não compreendem o sentido de "propriedade", pois ninguém pode ser dono de uma terra que serve a todos; lembro-me dos Arara e do respeito ao pajé-curandeiro como um enviado de Deus, como são todos os que cuidam dos outros...

Mas, no conceito de povos da floresta, há que entrar também outra categoria normalmente esquecida, a dos migrantes sem-terra, que chegaram à Amazônia atraídos pela propaganda governamental de um grande projeto. Eles não se enquadram no conceito legal de povos e comunidades tradicionais, mas merecem a referência aqui. Lembro-me de um carismático casal de trabalhadores rurais em Nova Ipixuna/PA, o Zé Cláudio e a Dona Maria. Lutavam para que ninguém vendesse as castanheiras centenárias aos madeireiros, apesar das ameaças. Uma vez o Zé me apresentou uns óleos e cremes que fazia a partir da castanha-do-pará. Mostrou que o preço pago pelo madeireiro em uma árvore era o lucro que tinha com a venda desses produtos, oriundos da florada de uma árvore apenas. A ideia era perigosa. Os madeireiros não iriam permitir que isso desse certo. E o Zé e a Dona Maria foram mortos numa emboscada covarde em 2011.

A decisão de assumir a coluna veio após perceber que meu conhecimento sobre o modo de viver dessas pessoas não deveria ficar guardado. Precisava ser divulgado por, no mínimo, respeito para com essa parcela da população brasileira.

Nesta coletânea, organizada pela jornalista Osnilda Lima, fsp, cada artigo vem acompanhado de uma foto. Muitas delas são inéditas. Não tiveram espaço suficiente em reportagens publicadas, como é normal acontecer. Outras, foram selecionadas para continuar o diálogo com o texto. Elas preenchem um vácuo na coluna, já que auxiliam, didaticamente, na compreensão de um universo que parece mitológico a quem nunca se deparou com ele. Mais do que encantamento, as fotos facilitam a compreensão da beleza de pertencer a um país pluriétnico e multicultural.

Os artigos sofreram apenas atualização e pequenas mudanças de estilo. Portanto, estão praticamente da forma como foram publicados.

Espero que o conteúdo desta obra ajude a se ter uma visão do Brasil de um ângulo que não costuma frequentar os grandes meios de comunicação social.

Brasília/DF, inverno de 2017.

PREFÁCIO

"BA AJÊ Õ A-MA KUMEX" – A SAUDADE DOS KAYAPÓ

Saudade é um sentimento que envolve todo o nosso ser e pode até abalar-nos emocionalmente. Todos sabemos o que é saudade, mas temos muita dificuldade em descrevê-la. Saudade se sente, não se define.

Quando o Kayapó do Xingu tem saudade de alguém, ele diz: "Ba ajê õ a-ma kumex" (Tenho grande desejo de "ouvir" você). Ouvir pressupõe presença, proximidade, intimidade. A ausência de quem se ama causa tristeza, ansiedade, noites sem dormir, aflição.

Sentimos saudade de pessoas queridas, mas também da pátria amada, da terra natal. Quando os navios negreiros aportaram em terras brasileiras trazendo homens e mulheres da África para servirem de escravos nas plantações de cana-de-açúcar, de tabaco e de algodão, nos engenhos, nas minas e fazendas, a saudade recebeu o nome de "banzo".[1] Foi a dor e o desespero dos negros condenados a trabalhos forçados por uma minoria branca dominadora que defendeu sua superioridade em relação a outras raças. Foram os clamores que ecoaram nas paredes de taipa das senzalas, as lágrimas que nas noites intermináveis de agonia corriam profusamente pelos rostos dos

---

[1] Uma enfermidade que os Bantus chamaram de "kubanza". Os portugueses transformaram esta palavra em "banzo". Trata-se de uma imensa saudade que, às vezes, chega a proporções patológicas, levando a uma melancolia e resignação que podem causar até a morte.

escravos atormentados e escravas violentadas. Banzo é a lamentação que brota da incontida vontade de reaver a pátria perdida. "Junto aos rios da Babilônia sentamo-nos a chorar, com saudade de Sião. Nos salgueiros que lá existiam, pendurávamos as nossas harpas..." (Salmo 137,1-2).

O banzo entrou no inconsciente coletivo dos negros, descendentes de pessoas escravizadas trazidas da África. Ainda hoje cantam e dançam emocionados os cantares e ritmos que a mãe África lhes legou. As festas dos santos padroeiros têm características negras mescladas com indígenas. As novenas e ladainhas cantadas e batucadas e noites dançadas ao som de tambores e tamborins, de curimbó e maracá, de reco-reco e xeque-xeque revelam a alma africana e reavivam o banzo.

Temos saudade também de épocas passadas. Muitos povos indígenas e comunidades negras lembram e cantam a "terra sem males", o paraíso perdido. Não é mero saudosismo, mas sim o desejo ardente de os tempos idos voltarem. Os rituais e danças, o toré dos indígenas e os batuques dos negros foram práticas religiosas. Hoje essas expressões culturais e religiosas são relegadas ao campo do folclore. Tornaram-se atração turística ou fazem parte dos desfiles de 7 de Setembro.

"Ba ajê õ a-ma kumex", quero ouvir de novo os hinos matutinos entoados por Motê ou Kupatô antes de o sol nascer, acompanhados de estrondosas batidas de pé no chão torrado da aldeia. Quero ouvir novamente as vozes vibrantes das mulheres quando de braços entrelaçados saúdam os primeiros raios do sol nascente. Quero viver de novo a vida Kayapó, Assurini, Araweté... Quero ouvir o cantar das selvas, o murmúrio das águas. Quero contagiar-me com a risonha alegria das "me prire" (crianças) brincando no rio. Quero ouvir de novo as histórias dos velhos falando de suas caças e pescas e contando lendas de eras longínquas: "amrebê, amrebê..." (muito, muito tempo atrás...).

"Ba ajê õ a-ma kumex!", dá vontade de chorar se compararmos a saudade do paraíso perdido com a realidade em que a imensa maioria dos povos indígenas vive hoje. Os índios não saem das manchetes de jornais. Não passa um dia sem os noticiários relatarem conflitos que envolvem povos indígenas.

São assassinados, expulsos ou fraudados de suas terras ancestrais, reduzidos a párias da sociedade, enxotados como animais, tratados como vagabundos de beira de estrada, ou então confinados em verdadeiros currais humanos, sem mínimas condições de sobrevivência física e muito menos cultural. Gritam por socorro porque são ameaçados por projetos desenvolvimentistas que os expulsam de suas aldeias e os mandam para os bolsões da miséria.

Não se conformam. Muito menos sucumbem aos ditames dos seus inimigos que se encontram no Governo, na bancada ruralista do Congresso, nas empresas mineradoras e madeireiras e no setor energético que quer implantar dezenas de hidrelétricas por toda a Amazônia e sempre repete até a exaustão o mesmo refrão: "O Brasil precisa de energia!".

Jamais esqueço o grito de um cacique Kayapó que, no final de uma manifestação contra a construção da Hidrelétrica Belo Monte, subiu a um caminhão na Rua da Frente que margeia o Xingu em Altamira, pegou o microfone e bradou: "O que será de nossas crianças?" e "Não vamos permitir que as sepulturas de nossos ancestrais vão para o fundo!". Foi em 3 de junho de 2007. Seu grito foi abafado pela insensatez e arrogância daqueles que veem na Amazônia nada mais do que uma província energética, mineral, madeireira a ser explorada sem escrúpulos. Os povos nativos não contam.

Os políticos nos taxam de inimigos do progresso. Num programa televisivo atestaram-nos – à comadre Melo e a mim – falta de amor à Pátria. Defenderam a tese de que para conseguir o desenvolvimento do oeste do Pará todos têm que fazer sacrifícios – menos eles, naturalmente, e suas famílias. "Belo Monte é a salvação desta região da Amazônia!", exultaram diante das câmeras. Hoje a região que deveria ganhar a "salvação" está submergida no caos. Altamira lidera o ranking das cidades mais violentas do Brasil. Homicídios, assaltos, arrastões estão na ordem do dia. Em vez da salvação prometida veio o inferno.

Quantas vezes já ouvi alguém argumentar: "Índio, quem é? Gente sem sobrenome!"; "O senhor acha correto impedir o crescimento econômico da região por causa de meia dúzia de caboclos?". Quanto desprezo, quanta discriminação! Pior: a agressão e destruição vão muito além de bens tangíveis. Atingem memórias, histórias de vida, tradições, maneiras de ser, cosmovisões, ritos e mitos, culturas, povos.

As agressões aos povos indígenas não são esporádicas, mas sistêmicas, pois são consequência de uma desastrosa política indigenista, da omissão e negligência dos sucessivos governos. São fruto da intolerância e do preconceito perpetrados em todos os rincões do nosso Brasil.

São sistêmicas, pois revelam o nítido espírito anti-indígena que atravessa os séculos. Todas as Constituições brasileiras precedentes à Constituição de 1988 demonstram claramente o descaso com os povos indígenas ou então a determinação de não permitir sua existência como povos diferenciados. Nas Constituições de 1824[2] e de 1891[3] não há nenhuma referência aos povos indígenas. Foram ignorados, considerados inexistentes ou, pelo menos, sem nenhuma relevância política.

A primeira Constituição brasileira que fala dos índios é a Constituição de 1934:[4] "compete privativamente à União legislar sobre

---

[2] 25 de março de 1824, um ano e meio depois do Grito do Ipiranga (7 de setembro de 1822).

[3] 24 de fevereiro de 1891, um ano e poucos meses depois da Proclamação da República (15 de novembro de 1889).

[4] Constituição da República dos Estados Unidos do Brasil, de 16 de julho de 1934, Art. 5º, alínea XIX, letra "m".

a incorporação dos silvícolas à comunhão nacional". Cada palavra tem seu peso! A "incorporação" proposta não deixa de ser um ato violento, desrespeitoso, arbitrário. Alguém ou uma lei define simplesmente o futuro de seres humanos sem perguntar-lhes a opinião. A palavra "silvícola" é discriminatória, depreciativa, aviltante! O Dicionário Aurélio define silvícola como "aquele que nasce e vive na selva" e acrescenta ainda como sinônimo "selvagem". Também a onça e o tamanduá nascem e vivem na selva. Ora, essa visão engendrou toda a história do *apartheid* brasileiro. Os índios são selvagens, bugres, bichos do mato. Em contrapartida, os brancos são civilizados, cultos, ilustrados. A "comunhão nacional" é a comunhão dos brancos, dos não índios, de homens e mulheres que vieram de outros continentes, se estabeleceram aqui e formaram a Nação Brasileira, excluindo terminantemente os autóctones que já há milênios habitavam essa terra. Os índios só terão acesso a essa comunhão nacional se renunciarem à sua identidade indígena, às suas línguas e culturas, se deixarem de ser povos distintos num Brasil pluriétnico e multicultural. Somente se tornarão brasileiros legítimos se estiverem dispostos a deixar-se "civilizar".

A Constituição de 1946 repete o enunciado da Constituição de 1934.⁵ Continuam os três termos: "incorporação", "silvícolas", "comunhão nacional". Também a Constituição de 1967, que "legalizou" o regime militar, repete mais uma vez: "incorporação", "silvícolas", "comunhão nacional".⁶

---

⁵ 18 de setembro de 1946: Art. 5º - Compete à União: XV - legislar sobre r) incorporação dos silvícolas à "comunhão nacional".

⁶ 15 de março de 1967: Em relação aos povos indígenas o novo texto constitucional reza no Art. 4º: "Incluem-se entre os bens da União: IV - as terras ocupadas pelos silvícolas" e no Art. 8º: "Compete à União: XVII - legislar sobre: o) nacionalidade, cidadania e naturalização; incorporação dos silvícolas à comunhão nacional".

Sempre considerei a Constituição Federal de 1988[7] uma virada copernicana em termos de legislação indígena no Brasil. Finalmente o índio é considerado gente igual a toda a gente e deixa de ser um tutelado do Estado como se fosse menor de idade ou um sujeito com quocientes de inteligência ou psicossociais inferiores, que impedissem o exercício da cidadania. A conquista desse novo ordenamento constitucional foi, sem dúvida, uma grande vitória dos povos indígenas e de seus aliados. Foi o resultado de uma luta destemida dos representantes dos próprios povos indígenas, como também de tantos defensores e defensoras da causa indígena neste País.

Um papel singular e uma missão especial nesta luta couberam ao Conselho Indigenista Missionário (CIMI), entidade vinculada à Conferência Nacional dos Bispos do Brasil (CNBB). Durante todo o processo da Assembleia Nacional Constituinte, o CIMI se empenhou, mas jamais quis substituir os índios nas negociações com os congressistas. Nós nunca nos colocamos no lugar deles, assumindo a causa sem eles. Ajudamos, acompanhamos, assessoramos. São incontáveis os contatos que mantivemos com os congressistas.

No dia 1º de junho de 1988, o plenário da Assembleia Nacional Constituinte aprovou a redação do capítulo específico sobre os direitos indígenas. Nas galerias da Câmara dos Deputados, duzentos índios de diversas etnias estavam presentes, pintados segundo as suas tradições, dando ao Congresso uma coloração comovente.

No segundo e último turno de votação plenária, na sessão de 30 de agosto de 1988, de 453 votos, o capítulo sobre os índios obteve 437 votos favoráveis, 8 abstenções e 8 votos contrários.

---

[7] Aprovada pela Assembleia Nacional Constituinte em 22 de setembro de 1988 e promulgada em 5 de outubro de 1988.

Ficou, porém, uma pergunta no ar: foi realmente sanada a dívida histórica do Brasil com os povos indígenas?

Sanada só no papel!

Logo após a promulgação da Constituição Cidadã, sentimos que faltou o salto qualitativo da letra constitucional para a realidade concreta em que vivem os povos indígenas do Brasil.

O Artigo 67 do Ato das Disposições Constitucionais Transitórias previa a conclusão da "demarcação das terras indígenas no prazo de cinco anos a partir da promulgação da Constituição". Esse prazo esgotou em 5 de outubro de 1993. Faltou vontade política de todos os governos subsequentes para cumprir o que foi estabelecido pela Carta Magna do Brasil. E essa omissão e o flagrante desrespeito à Constituição foram e continuam sendo a causa de quase todos os conflitos que envolvem povos indígenas.

A alegria da vitória que cantamos em 1988 durou pouco, pois logo mais surgiram propostas que visaram relativizar ou enfraquecer ou até anular os parâmetros constitucionais. A Proposta de Emenda à Constituição (PEC) 215/2000 pretende passar a decisão final sobre a demarcação de terras indígenas do Executivo para o Legislativo e a Ação Direta de Inconstitucionalidade (ADIn), n. 3.239, prevê a Lei do Marco Temporal para definir um limite de tempo para a ocupação e o reconhecimento de terras indígenas e, ainda, questiona a existência dos territórios quilombolas.

Um levantamento realizado pelo CIMI revela que existem atualmente 33 proposições anti-indígenas em tramitação no Congresso e no Senado. Dezessete delas buscam a alteração nos processos de demarcações de terras indígenas, 8 sustam portarias declaratórias, 6 transferem ao Congresso Nacional a competência de aprovar e gerir as demarcações das terras.

Por que essas proposições anti-indígenas? Por que essas ondas de hostilidade contra os descendentes dos primeiros habitantes do

Brasil? Certamente não são suas tradições culturais, sua língua materna diferente da oficial, seus ritos e mitos, suas danças e festas que atrapalham. O problema reside na terra que ocupam, a terra que poderosas forças políticas e empresariais neste país continuamente lhes querem negar. A Constituição Federal reconhece, no seu Artigo 231, aos povos indígenas "sua organização social, costumes, línguas, crenças e tradições" e assegura-lhes "os direitos originários sobre as terras que tradicionalmente ocupam". Declara ainda que compete à União "demarcá-las, proteger e fazer respeitar todos os seus bens".

Todas as propostas de alteração ou emendas da Constituição visam ao acesso às terras ancestrais dos povos indígenas e às riquezas naturais nelas existentes, tanto no solo como no subsolo. No entanto, arrancar-lhes a terra equivale a decretar sua morte cultural e muitas vezes também física.

A Constituição brasileira, ao reconhecer o direito dos povos indígenas sobre suas terras, garante a existência de terras fora do mercado capitalista. E é exatamente contra essa garantia que se insurgem o agronegócio, as mineradoras, as madeireiras, os barrageiros e outras empresas. A palavra de ordem deles é: "Nenhuma terra fora do mercado!".

Os povos indígenas oferecem outra proposta, radicalmente contrária à quimera do desenvolvimento capitalista, individualista e depredador. A palavra de ordem dos povos indígenas é: "Toda a terra a favor da Vida e da Paz!".

O verdadeiro bem-viver que os indígenas propõem se alicerça na convivência pacífica em um mundo justo, fraterno, solidário, baseado no respeito à natureza, à Mãe Terra, ao outro, à diversidade. São dois projetos que estão em confronto: um a favor da terra para a Vida, o outro a favor da terra para ser explorada e transformada em lucro.

"Ba ajê õ a-ma kumex!"

Que a saudade não seja mero saudosismo por um horizonte perdido, mas a mística a inspirar e sustentar o nosso empenho na busca de novos horizontes de Vida e Paz.

Que a Vida seja vitoriosa!

Não foi esse o sonho de Jesus?

A utopia do Reino de Deus?

Altamira, 12 de outubro de 2017
Nossa Senhora Aparecida
Dom Erwin Kräutler
Presidente da REPAM-Brasil

OS ÍNDIOS ISOLADOS

Existem hoje 112 povos isolados no Brasil que estão em áreas protegidas, ecossistemas únicos, contribuindo, com o seu conhecimento, para o uso sustentável da floresta.

Há uma categoria de povos indígenas que somente pode ser encontrada na América do Sul, com maior incidência na Amazônia. Trata-se dos "índios isolados". Também são chamados de "arredios", "brabos", "hostis", "sem contato", "afastados", "livres", "em situação de isolamento voluntário"... Causam grande curiosidade pelo fato de evitar contato com outros povos. E aí reside sua principal característica. Não são povos que "não foram achados" por nossa sociedade, mas que, voluntariamente, fogem do contato.

Os motivos para a ausência de relações com as sociedades nacionais ou para o baixo nível de contato com as mesmas dependem de cada povo. De um modo geral, o isolamento é interpretado como tendo relação com a ocorrência, no passado, de doenças que causaram epidemias mortais, ou por submissão à violência física, ou à degradação ambiental, que retira os recursos necessários à sua sobrevivência. Pode ser também por preservação cultural. Enfim, interpreta-se o isolamento como receio de que o contato possa comprometer sua continuidade histórica.

Entrave

Em um encontro de indigenistas, promovido pela Fundação Nacional do Índio (Funai) em 1987, concluiu-se que, de modo geral, os índios isolados só foram atraídos pela nossa sociedade quando eram considerados entrave a um empreendimento, seja governamental, seja privado. A carta final do encontro avisava que

> nunca nos poderemos esquecer de que, quando estamos em processo de atração, estamos na verdade sendo pontas de lança de uma sociedade complexa, fria e determinada, que não perdoa adversários com tecnologia inferior. Estamos invadindo terras por eles habitadas, sem seu convite, sua anuência. Estamos incutindo-lhes necessidades que jamais tiveram. Estamos desordenando organizações sociais extremamente ricas. Estamos tirando-lhes o sossego. Estamos lançando-os num mundo diferente, cruel e duro. Estamos, muitas vezes, levando-os à morte.

Indígenas isolados são povos que, voluntariamente, fogem do contato com a sociedade não indígena.

Direito ao isolamento

Com os erros do passado, aprendemos que o isolamento é uma decisão. E ela precisa ser respeitada. O direito ao isolamento provém da doutrina da autodeterminação dos povos indígenas, surgida no final do século XX, que norteou todos os documentos jurídicos editados pelo Brasil, a partir da Constituição Federal de 1988. Essa doutrina estabelece o direito de essas comunidades decidirem seu modelo de vida – ou estratégia de sobrevivência –, de acordo com seus usos e costumes.

Dentre os documentos internacionais que permitem a proteção jurídica aos índios isolados, destacam-se a Declaração Universal dos Direitos Humanos (1948); a Convenção 169 sobre Povos Indígenas e Tribais, da Organização Internacional do Trabalho (OIT) das Nações Unidas (1989); e a Declaração das Nações Unidas sobre Povos Indígenas (2007).

Estima-se que mais de 100 povos isolados vivam em toda a bacia amazônica – que inclui o Brasil e mais 8 países –, totalizando cerca de 5 mil pessoas. Pelos dados do Conselho Indigenista Missionário (Cimi), existem hoje evidências de 112 povos isolados no Brasil. Em geral, estão em áreas protegidas, ecossistemas únicos, contribuindo, com o seu conhecimento, para o uso sustentável da floresta.

DIREITO À CONSULTA PRÉVIA

Apesar da previsão de obras, como cerca de 40 hidrelétricas na Amazônia nos próximos 20 anos, o governo federal jamais realizou um processo de consulta prévia aos povos da floresta.

O Brasil é um país pluriétnico. Isso significa que ele reconhece a existência de diversos "grupos participantes do processo civilizatório nacional", "em prol da diversidade étnica e regional", como determina a Constituição, em seus artigos 215 e 216. Esses grupos são indígenas, quilombolas, ribeirinhos, quebradores de coco babaçu, peconheiros (como os apanhadores de açaí). Chamados de povos ou comunidades tradicionais, são sujeitos de direitos específicos. Um deles é o direito à consulta livre, prévia e informada, antes da instalação de qualquer medida administrativa (obra) ou medida legislativa (lei) que os afete diretamente. Pois uma obra ou uma lei pode ser tão nociva a essas comunidades, que sua implantação talvez ocasione perigo para a própria existência deles. Esse direito está previsto na Convenção 169, da Organização Internacional do Trabalho (OIT), que passou a ser aplicada no Brasil a partir de 2003.

Consulta livre

A consulta é um processo, e como o próprio nome informa, tem de ser prévia à medida. Desde o momento em que se concebe o pro-

Crianças do povo Munduruku, às margens do Rio Tapajós, município de Jacareacanga, no Pará.

jeto, a comunidade atingida já deve ser informada e participar de sua formulação. De nada adianta consultar a comunidade, após a realização da obra.

A consulta deve ser livre. Significa que a comunidade não pode sofrer coação ou pressão. Daí resulta que ela deve ser de boa-fé. Nenhuma farsa para ludibriar os povos consultados pode ser tolerada. Também não pode haver moeda de troca, como a construção de uma escola ou posto de saúde para que a medida seja aprovada. E há de ser respeitada a cultura local. Se falam sua própria língua, por exemplo, é necessário tradutor para todo o processo.

A consulta deve ser também informada. Todos os impactos negativos e positivos da medida têm de ser expostos, como a duração da medida, as etapas de implantação, a identificação dos atores. O objetivo disso é chegar a um acordo ou consentimento.

O tempo de duração da consulta dependerá da medida e da forma pela qual a comunidade afetada se organiza política e socialmente. Assim, a consulta ao povo indígena Kayapó, do Xingu, não será semelhante àquela ao povo Munduruku, do Tapajós, nem à comunidade quilombola de Cachoeira Porteira, no Rio Trombetas.

Aliás, esta última foi a única no Brasil a participar de um processo de consulta prévia, quando o Estado do Pará lhe submeteu um projeto de desenvolvimento na região, no segundo semestre de 2013, em que a própria comunidade participou da formulação. Após modificações, o projeto foi, então, consentido.

Apesar da previsão de obras, como cerca de 40 hidrelétricas na Amazônia nos próximos 20 anos, o governo federal jamais realizou um processo de consulta prévia aos povos da floresta, mesmo existindo ações judiciais com esse objetivo.

O SOCIOAMBIENTALISMO

O socioambientalismo parte de um princípio da articulação entre a biodiversidade e a sociodiversidade, ou seja, concilia desenvolvimento econômico com preservação ambiental.

No fim da década de 1980, num espaço de quase 3 meses, dois acontecimentos definiram os rumos do Brasil sobre a política de proteção de sua floresta: o assassinato de Chico Mendes, líder dos seringueiros do Acre, em dezembro de 1988; e o 1º Encontro dos Povos Indígenas do Xingu, em Altamira (PA), em fevereiro de 1989, contra o projeto do governo militar de construir hidrelétricas na bacia do Rio Xingu.

Antes desses acontecimentos, havia distinção entre o movimento ambiental e o movimento social da floresta. Era como se estivessem em lutas diferentes, como se fosse possível diferenciar a proteção da floresta da proteção dos povos da floresta.

Embora isso pareça obviamente impossível hoje, naquela época não era. O ambientalismo, influenciado pelo conservacionismo norte-americano, propunha que preservar seria deixar a floresta sem a presença humana. E, de outro lado, o movimento social da floresta não via sua bandeira como ambiental.

Os dois acontecimentos acima mudaram essa ótica. Eles mostraram que as duas lutas estavam intrinsecamente ligadas. Os povos da floresta não apenas necessitam desta para viver, como também contribuem para enriquecer a biodiversidade. Crime maior seria despejar os povos da floresta de suas terras para que fossem declaradas como Parques Nacionais, por exemplo.

Biodiversidade e sociodiversidade

A ficha caiu, e nasceu o socioambientalismo, que parte de um princípio básico: articulação entre a biodiversidade e a sociodiversidade. Dito de outro modo, ele concilia desenvolvimento econômico com preservação ambiental. É concebido e voltado para os povos da floresta que possuem centenas de anos em conhecimento na forma de lidar com os recursos florestais sem o impacto suicida.

O socioambientalismo possui um campo fértil no Brasil – o líder mundial em biodiversidade. Em que pese tenha sido estudado apenas 5% do potencial farmacológico da flora mundial, um quarto dos medicamentos usados baseiam-se em produtos vegetais. Imagine se tivéssemos estudado 20 ou 40% da flora amazônica, que potên-

Lideranças da prelazia de Altamira, no Pará, em momento celebrativo que antecedeu o plantio de diversas árvores.

cia biotecnológica seria o Brasil? O Museu Paraense Emílio Goeldi, instituição de pesquisa federal, estima que, de cada 10 espécies de plantas existentes no planeta, uma esteja na Amazônia.

Os debates na década de 1990 contribuíram para a edição do Sistema Nacional de Unidades de Conservação (Lei n. 9.985/2000), com duas categorias de unidade: proteção integral, em que se permite a presença humana apenas para pesquisa, recuperação ou visita, como a Estação Ecológica, Reserva Biológica, Parque Nacional, Monumento Natural ou Refúgio da Vida Silvestre; e unidades de conservação de uso sustentável, como as Reservas Extrativistas, Área de Proteção Ambiental, Reserva de Desenvolvimento Sustentável, Florestas Nacionais, entre outras, que permitem a presença humana nessas terras. Estava, assim, consagrado o socioambientalismo no Brasil.

RESERVAS EXTRATIVISTAS

Ainda há, no Brasil, cerca de 180 comunidades reivindicando ao governo federal o direito à terra, através da criação de reservas extrativistas.

Um dos maiores desafios para os povos da floresta em todo o Brasil, mas especialmente na Amazônia, é obter o documento da terra. Ainda hoje não é fácil. Os conflitos causam a morte até de religiosos que se colocaram ao lado dos mais pobres na reivindicação do direito à terra, como, por exemplo, Padre Josimo Morais Tavares, no Maranhão, e as irmãs Adelaide Molinari e Dorothy Stang, no Pará.

Na década de 1980, os seringueiros do Acre viveram esse drama. Afinal, para que a extração do látex seja lucrativa, é necessário um grande número de seringueiras. Consequentemente, a área para que uma família possa viver da seringa era, quase sempre, maior do que o máximo de terra que a legislação permitia a uma família cliente da reforma agrária – 100 hectares (módulo rural na Amazônia). Para proteger a floresta e suas vidas, eles realizavam "empates" – ações de resistência contra o desmatamento.

Portanto, a lei brasileira não assegurava o direito à terra aos seringueiros do Acre e nem a outras populações extrativistas, como os castanheiros de Mato Grosso. Essa realidade provocou a realização do 1º Encontro Nacional dos Seringueiros, na Universidade de Brasília (DF), em 1985. O trecho de um poema do seringueiro Jaime da Silva Araújo, de Novo Aripuanã (AM), lido no encontro, ilustra a situação: "Seringueira, seringueira, abençoada por Deus/ apesar de não ter seios/ tanto leite já me deu/ e eu ingrato que sou/ vou cortando o lado seu./ Perdoa, mãe generosa,/ tão grande ingratidão/ se faço isso contigo/ não é com satisfação/ pois é com as nossas vidas/ que enriquecemos o patrão".

O direito à terra

Naquele tempo, apenas os povos indígenas tinham direito à terra assegurado acima de 100 hectares, já que não estão sujeitos a essa limitação (Estatuto do Índio, artigo 2º, IX). Baseados nisso, os seringueiros propuseram a criação das *reservas extrativistas*. O nome tem inspiração nas "reservas", como eles chamavam as terras indígenas.

Mas as reservas extrativistas ainda demoraram a ser reconhecidas legalmente. Somente em julho de 1989, após a morte do líder Chico

Comunidade Cachoeira de Santo Antônio, Reserva de Desenvolvimento Sustentável do Rio Iratapuru, no Amapá.

Mendes, foi promulgada uma lei, ainda tímida, possibilitando sua criação (Lei n. 7.804/89).

A pressão tornou-se mais forte até o surgimento da Lei do Sistema Nacional de Unidades de Conservação (Lei n. 9.985/2000), reconhecendo as reservas extrativistas como terras públicas, com seu uso concedido às populações tradicionais através de um contrato, para uso coletivo.

Hoje o Brasil possui 85 reservas extrativistas, sendo 59 federais e 26 estaduais, onde seringueiros, castanheiros, faxinais, pescadores, ribeirinhos, cipozeiros, pantaneiros desenvolvem suas atividades. Porém, ainda há cerca de 180 comunidades reivindicando ao governo federal o direito à terra, através da criação de reservas extrativistas, segundo o Conselho Nacional das Populações Extrativistas.

AS AMEAÇAS AOS INDÍGENAS

A demarcação das terras indígenas exige estudos de natureza etno-histórica, sociológica, jurídica, cartográfica, ambiental e fundiária. Trata-se, portanto, de um processo técnico, não político.

A relação dos povos indígenas com a terra que ocupam é diferente daquela que nossa civilização europeia possui. A terra não é bem material. Não pode ser avaliada em dinheiro. Ela é o *habitat*, o espaço para viver costumes e tradições, para reproduzir sua cultura e para repassá-la aos descendentes. Há um vínculo espiritual tão profundo entre terra e povos indígenas que alguns deles, como o povo Inca, a reconhecem como uma divindade – a Pacha Mama (Mãe Terra).

Portanto, a terra é a fonte de todos os outros direitos indígenas. Terra é vida. Tanto isso é verdade, que a Constituição do Brasil, ao declarar os direitos indígenas, aborda o direito à terra nos 7 dispositivos do artigo 231.

Esse direito fundamental está ameaçado. Pois tramita no Congresso Nacional o Projeto de Emenda Constitucional (PEC) 215. A PEC é o instrumento que o Congresso Nacional utiliza para modificar a Constituição. Nesse caso, a proposta é dar ao Congresso o poder de aprovar a demarcação de terras tradicionalmente ocupadas pelos índios e ratificar as demarcações já homologadas.

Pai e filhas do povo Munduruku, município de Jacareacanga, no Pará.

Quanto às demarcações já realizadas, o próprio Congresso notou que a proposta era inconstitucional e a retirou do texto. Mas permanece o poder de aprovar a demarcação das terras indígenas, que também é inconstitucional. Isso porque a Constituição estabelece temas que não podem ser modificados pelos que estejam no poder na ocasião, como os direitos individuais. São as chamadas cláusulas pétreas – não será objeto de deliberação a proposta de emenda tendente a abolir (…) os direitos e garantias individuais, artigo 60, § 4º. E o direito à terra é direito fundamental de cada indígena. Mas não é só.

Direitos territoriais não se negociam

A PEC 215 também interfere no princípio da separação dos poderes – outra cláusula pétrea. É o Executivo que possui atribuição para demarcar as terras indígenas. E isso se dá depois de um longo processo, no qual se procura descobrir o espaço tradicionalmente ocupado pelos indígenas. São os estudos de natureza etno-histórica, sociológica, jurídica, cartográfica, ambiental e fundiária que identificam a terra.

Trata-se, portanto, de um processo técnico, não político. O presidente da República não exerce um juízo político ao declarar uma área de terra como sendo indígena. Os estudos geram o direito de a comunidade indígena ver sua terra declarada e demarcada. Subordinar essa decisão a uma avaliação política de deputados e senadores é um golpe grave nos direitos indígenas. Mais ainda quando se constata que não existe representante indígena no Congresso Nacional.

Como bem disse a indígena Sônia Guajajara em uma audiência pública sobre o tema no Congresso: "Nós não negociamos direitos territoriais porque a terra, para nós, representa a nossa vida. A terra é mãe, e mãe não se vende, não se negocia. Mãe se cuida, mãe se defende, mãe se protege".

AUDIÊNCIA PÚBLICA AMBIENTAL

A audiência pública ambiental é instrumento de participação direta da sociedade em uma decisão do poder público, é uma forma de controle popular do Governo; essa finalidade só é alcançada com a participação da sociedade civil em sua plenitude.

Desde a última década, os povos da floresta se acostumaram a ouvir falar de audiências públicas. Isso se deve a 2 fatores principais: 1) a intensificação dos empreendimentos que exploram recursos naturais na Amazônia (ferro, bauxita, água etc.); 2) a legislação ambiental, sobretudo de estados e municípios.

Essa legislação prevê audiências públicas ambientais quando, no processo de licenciamento de uma obra, se constata que ela causa a modificação do meio ambiente. Ela se dá logo após a entrega do Estudo de Impacto Ambiental (EIA) pelo empreendedor ao licenciador – que pode ser o Instituto Brasileiro do Meio Ambiente e dos Recursos Naturais Renováveis (Ibama), a Secretaria de Estado do Meio Ambiente (Sema, estados) ou Sema, municípios, dependendo do tipo da obra e suas consequências.

O objetivo da audiência pública ambiental é expor os impactos para que a população afetada e a sociedade em geral possam apresentar críticas e sugestões. Somente depois de colhidas essas informações é que o licenciador pode emitir a licença prévia, isso se o empreendimento for considerado viável ambientalmente.

Participação da sociedade civil

Portanto, a audiência pública ambiental é instrumento de participação direta da sociedade em uma decisão do poder público. Ou seja, é uma forma de controle popular do Governo. Mas essa finalidade só é alcançada com a participação da sociedade civil em sua plenitude.

A iniciativa para propô-la não é apenas do licenciador, mas de qualquer entidade da sociedade civil, Ministério Público e até de um grupo de 50 ou mais cidadãos, no prazo de 45 dias do recebimento do Estudo de Impacto Ambiental. E podem ser propostas quantas audiências forem necessárias.

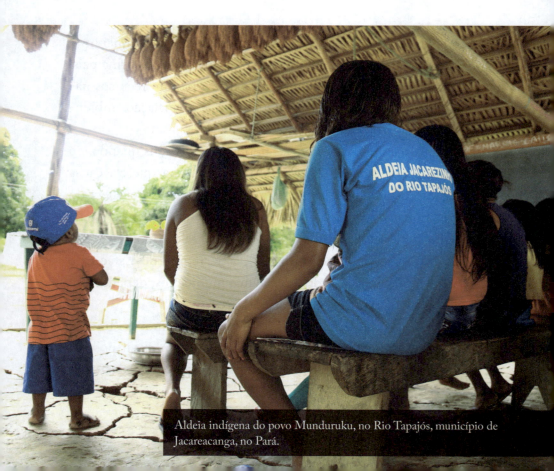

Aldeia indígena do povo Munduruku, no Rio Tapajós, município de Jacareacanga, no Pará.

A falta de previsão dos impactos impede que sejam estabelecidas as condicionantes, que são as ações e obras que mitigam ou compensam os prejuízos dos atingidos.

O Programa de Aceleração do Crescimento (PAC) do governo federal prevê na Amazônia 43 obras, apenas no eixo transporte, que afetam terras indígenas, por exemplo, sem falar em hidrelétricas ou em projetos privados de mineração que batem recordes de exploração a cada ano.

É preciso acompanhar o licenciamento desses projetos, sobretudo, exigir que aconteçam as audiências públicas ambientais e participar delas, para que a população não venha a ser surpreendida com os impactos no decorrer da obra.

ESTUDO DE IMPACTO AMBIENTAL

> É necessário que as comunidades afetadas acompanhem o EIA/Rima, que se façam notar, que sejam entrevistadas e, sobretudo, participem das audiências públicas nas quais o documento é apresentado.

    O líder indígena Taravy foi chamado às pressas pelos guerreiros naquela manhã de outubro de 2011, na aldeia Kururuzinho. Eles flagraram uma mortandade de peixes, ocasionada por uma rede muito fina, colocada no Rio Teles Pires, próximo à terra indígena Kayabi, entre os estados do Pará e Mato Grosso.

    Os responsáveis pelo fato foram levados presos e colocados numa espécie de gaiola gigante no centro da aldeia. Não eram pescadores. Eram pesquisadores que trabalhavam na confecção do Estudo de Impacto Ambiental e do Relatório de Impacto Ambiental (EIA/Rima) de uma usina hidrelétrica no Rio Teles Pires. Foi dessa forma que o povo indígena Kayabi soube o que era um EIA/Rima.

    O EIA é o que o nome diz, um Estudo de Impacto Ambiental. É o instrumento que mede os impactos de uma obra potencialmente causadora de significativa degradação ambiental (artigo 225, § 1º, IV, Constituição Federal). E degradação ambiental é qualquer alteração física, química ou biológica que afete a saúde ou o bem-estar da população (Resolução do Conselho Nacional do Meio Ambiente, Conama, n. 01/86).

Fazer-se notar

A medição desses impactos está dividida em 3 grandes partes. A primeira é o meio físico, onde se estuda o subsolo, o ar, a hidrologia, as correntes marinhas etc. A segunda é o meio biológico, como a fauna e a flora. A terceira é o meio socioeconômico, que abrange desde a arqueologia até a ocupação do solo e a utilização da água pelas comunidades, suas relações econômicas e históricas, sobretudo se houver necessidade de remoção de pessoas por causa da obra.

O Rima, por sua vez, é o Relatório de Impacto Ambiental. É uma espécie de resumo do EIA, numa linguagem de fácil compreensão por todos. Deve conter mapas e gráficos que mostrem as vantagens e desvantagens do projeto.

Vista geral das obras da usina hidrelétrica de Teles Pires, na divisa do Mato Grosso com o Pará.

De um modo geral, tem-se notado muitas falhas nesses estudos, sobretudo quanto ao modo de vida da população afetada. E isso acarreta injusta indenização, principalmente àquelas comunidades que serão removidas por causa da obra.

É necessário, portanto, que as comunidades afetadas acompanhem o EIA/Rima, que se façam notar, que sejam entrevistadas e, sobretudo, participem das audiências públicas nas quais o documento é apresentado, tendo em vista que, se os impactos forem considerados fortes, a obra deve ser declarada ambientalmente inviável e a licença não poderá ser concedida.

Sobre as hidrelétricas no Rio Teles Pires, o Ministério Público Federal constatou até fraude no licenciamento e já moveu 12 ações judiciais contra essas usinas.

A DITADURA E OS INDÍGENAS

Surgem as provas que estavam faltando para a comprovação de um fato que não está, ainda, escrito nos livros de História do Brasil: a ditadura assassinou milhares de indígenas.

Não é novidade que centenas de pessoas que viviam em cidades e se opunham à ditadura militar tenham sido vítimas de tortura e, algumas delas, até de morte. Mas, no ano em que se lembra dos 50 anos do golpe militar, surgem as provas que estavam faltando para a comprovação de um fato que não está, ainda, escrito nos livros de História do Brasil: a ditadura assassinou milhares de indígenas.

Tudo começou quando a organização Tortura Nunca Mais, de São Paulo (SP), recebeu uma carta de lideranças indígenas, chamando a atenção para o massacre ocorrido quando da construção da BR-174, que liga Manaus (AM) a Boa Vista (RR). Imediatamente foi acionada a Comissão Nacional da Verdade, grupo oficial que apura violações de direitos cometidas pela ditadura militar, a qual passou a investigar o caso.

O resultado até agora apurado é terrível. Parte da estrada, iniciada em 1967 e concluída em 1981, era e é, ainda hoje, território dos Waimiri-Atroari. Eles sempre foram considerados "brabos" pelos "brancos", por se recusarem a estabelecer contato. E reagiram à invasão do território. Os relatos mostram que, nos primeiros anos de construção da estrada, morreram 1.500 indígenas dos 3 mil que existiam na época.

As mortes foram ocasionadas por granadas militares e até pesticidas, jogados de avião sobre as aldeias. Mas, como quase não havia contato com o branco, doenças virais também são elencadas como causa dessas mortes.

Famílias inteiras dizimadas

A execução desastrosa da BR-174 não é um caso isolado. A Perimetral Norte (BR-210) também atingiu os Yanomami, em Roraima. O Exército torturou os Aikewara ou Suruí do Pará, para obrigá-los a lutar contra a Guerrilha do Araguaia. A Santarém-Cuiabá (BR-163) afetou os chamados índios-gigantes, os Panará ou Krain-a-kore, na divisa do Pará e Mato Grosso. Neste último caso, famílias inteiras foram dizimadas. A população caiu de 700 para 50 pessoas.

A ditadura no Brasil assassinou milhares de indígenas.

Os sobreviventes foram levados pelos irmãos Villas-Bôas para o Parque Indígena do Xingu. Só retornaram às suas terras em 1985.

Além desses relatos, a descoberta de um documento de 7 mil páginas ajudou a resgatar a verdade. Trata-se do *Relatório Figueiredo*, uma investigação do procurador Jader de Figueiredo Correia entre 1967 e 1968, sobre a atuação do Serviço de Proteção aos Índios (SPI), hoje Fundação Nacional do Índio (Funai), o qual foi encontrado por acaso. Ele informa também a existência de casas para torturar indígenas em Goiás, Amazonas e Mato Grosso do Sul, entre outros graves casos de violação de direitos humanos.

A investigação terminou no fim de 2014. A partir dela, será necessário reescrever os livros de História do Brasil.

MINERAÇÃO EM TERRAS INDÍGENAS

"Para nós, desenvolvimento é ter nossa terra com saúde, permitindo que nossos filhos vivam saudáveis num lugar cheio de vida" (Davi Kopenawa).

Davi Kopenawa é um sábio. É uma mistura de sacerdote, pajé e líder político dos Yanomami – povo indígena que habita o Estado de Roraima, na fronteira do Brasil com a Venezuela. No final dos anos 1980, seu território foi invadido por 40 mil garimpeiros. Esse contato ocasionou a morte de mais de mil indígenas por violência e doenças. Antes, em 1960, o clã desse pajé Yanomami foi quase dizimado por doenças contagiosas, em nova tentativa de contato dos "brancos", deixando-o órfão, ainda criança.

Davi não se entregou. Cresceu e correu o mundo denunciando o desrespeito aos direitos humanos de seu povo. Ganhou o Global 500, prêmio das Nações Unidas aos mais destacados defensores do meio ambiente; o Right Livelihood, considerado o Nobel alternativo; e o Prêmio Bartolomeu de las Casas, do Governo espanhol, pela defesa dos direitos indígenas, entre outros. E conseguiu o reconhecimento da terra indígena Yanomami pelo Governo brasileiro em 1992.

Nesse momento em que o Congresso Nacional discute o Projeto de Lei n. 1.610/96, que abre as terras indígenas para mineração, é importante ouvir a voz desse líder.

Davi Kopenawa, do povo Yanomami, conta que os Yanomami têm outras riquezas deixadas pelos antigos, que brancos não conseguem enxergar.

Lugar cheio de vida

"Vocês, brancos, dizem que nós, Yanomami, não queremos o desenvolvimento. Falam isso porque não queremos a mineração em nossas terras, mas vocês não estão entendendo o que estamos dizendo. Nós não somos contra o desenvolvimento. Nós somos contra apenas o desenvolvimento que vocês, brancos, querem empurrar para cima de nós. Vocês falam em devastar nossa terra-floresta para nos dar dinheiro. Falam que somos carentes. Mas esse não é o desenvolvimento que conhecemos. Para nós, desenvolvimento é ter nossa terra com saúde, permitindo que nossos filhos vivam saudáveis num lugar cheio de vida."

"Vocês falam que somos pobres e que nossa vida vai melhorar. Mas o que vocês conhecem de nossa vida para falar que vai melhorar? Só porque somos diferentes de vocês, vivemos de forma diferente, damos valor para coisas diferentes, isso não quer dizer que somos pobres. Nós, Yanomami, temos outras riquezas deixadas pelos nossos antigos que vocês, brancos, não conseguem enxergar: a terra que nos dá vida, a água limpa que tomamos, nossas crianças satisfeitas."

Há mais de 900 requerimentos de pesquisa mineral somente em Roraima, aguardando a aprovação do projeto de lei. A terra indígena Yanomami, por exemplo, está com 56% de sua área já requerida por mineradoras. O desastre está anunciado. E indica a tendência perigosa das últimas décadas. Nossa indústria de transformação cai, enquanto a mineração sobe. O país se torna cada vez mais um exportador de produtos primários. E, nesse caso, viola direitos básicos, como o direito de os povos indígenas serem consultados por medidas que lhes afetem.

O IMPACTO INVISÍVEL

Há mais impactos produzidos por hidrelétricas na Amazônia do que o computado oficialmente.

A energia produzida pelas grandes hidrelétricas na Amazônia é suja. Esse é o resultado das mais recentes pesquisas sobre o aquecimento global. Trata-se de uma revolução, porque até há pouco tempo se acreditava que essa energia era limpa. Porém, em 1993, uma pesquisa no Canadá começou a mudar esse entendimento. Os cientistas descobriram que a formação do lago ou reservatório das hidrelétricas, quando inunda floresta, emite gás metano, que é, no mínimo, 25 vezes mais nocivo ao planeta do que o gás carbônico, também emitido pela decomposição da matéria orgânica, causada pela inundação. As plantas, quando morrem, emitem a mesma quantidade de gás carbono que absorveram durante a vida. Porém, a matéria orgânica que se localiza no fundo desses lagos artificiais, onde quase não há oxigênio, libera gás metano quando a água passa pela turbina ou vertedouro da barragem.

No Brasil, quem estudou o tema foi o cientista Philip Fearnside, do Instituto Nacional de Pesquisas da Amazônia (Inpa), e ganhador do Nobel da Paz de 2007 como integrante do painel de cientistas reunidos pela Organização das Nações Unidas (ONU) para estudar mudanças climáticas. Ele teve como campo de estudo a mais desastrosa usina hidrelétrica do Brasil, a de Balbina, no Amazonas. Essa

Árvores às margens do Rio Jari que foram atingidas pela barragem Cachoeira de Santo Antônio, em Macapá.

usina inundou 2.996 quilômetros quadrados de floresta para produzir, em média, apenas 112 megawatts de energia – cerca de 10% do que Manaus precisa para ser iluminada. O resultado da pesquisa foi terrível. A hidrelétrica de Balbina emite mais gases que contribuem para o aquecimento global do que a cidade de São Paulo (SP). Esse impacto invisível é tão grave que a hidrelétrica de Belo Monte, em construção no Rio Xingu, deverá emitir cerca de 11,2 milhões de toneladas de carbono por ano, nos 10 primeiros anos. É também mais do que a cidade de São Paulo emite anualmente.

Impactos

Como se nota, com o desenvolvimento da ciência, há mais impactos produzidos por hidrelétricas na Amazônia do que o computado oficialmente. E o que se conhece já é suficientemente grave, como a interrupção de navegação; desmatamento direto e indireto; pressão sobre os recursos naturais, como madeira e pesca; destruição de lugares sagrados dos povos da floresta; agravamento do quadro de saúde humana pela proliferação de mosquitos; perdas das ervas medicinais; contaminação das águas por ervas venenosas, como o timbó; mudança no regime hidrológico; remanejamento de comunidades inteiras; aumento populacional, causado pela migração de dezenas de milhares de trabalhadores etc. Portanto, a geração de energia através de usinas hidrelétricas na Amazônia não pode jamais ser considerada limpa.

TERRAS DE QUILOMBO

Quilombolas, grupos étnicos raciais, segundo critérios de autoatribuição, com trajetória própria, dotados de relações territoriais específicas, com presunção de ancestralidade negra relacionada com a resistência à opressão histórica sofrida.

A nossa sociedade possui uma dívida histórica com uma minoria étnica que participa do processo de construção nacional: os quilombolas ou comunidades dos remanescentes de quilombos. Mas o que é um quilombo? Várias definições foram estabelecidas ao longo da História. As primeiras consistiam em atrelar essas comunidades a escravos refugiados na floresta, onde desfrutariam de liberdade. Essa mentalidade perdurou durante todo o período colonial.

Porém, mesmo após a abolição legal da escravatura, em 1888, os quilombos continuaram existindo. Então, o conceito antes mencionado está errado, já que os quilombos não estavam sempre atrelados a negros fugitivos. Aliás, mesmo durante a escravidão, há notícias de intenso comércio e intercâmbio cultural entre os quilombos e as demais comunidades circunvizinhas.

Portanto, não apenas a liberdade, mas outros fatores impossibilitavam que as comunidades quilombolas se desfizessem. A lei de terras, por exemplo, não propiciava na prática que negros libertos pudessem se tornar proprietários rurais. A reforma agrária que deveria ser implantada após a abolição, não se concretizou até hoje. Assim, os quilombos continuaram existindo no Brasil, mesmo depois da Abolição da Escravatura.

Ser pertença

Hoje, podem-se conceituar terras de quilombo como o local que abriga os remanescentes das comunidades dos quilombos. Essas comunidades são "grupos étnicos raciais, segundo critérios de autoatribuição, com trajetória própria, dotados de relações territoriais específicas, com presunção de ancestralidade negra relacionada com a resistência à opressão histórica sofrida, conceito construído com base em conhecimento científico antropológico e sociológico..." (Ministério Público Federal, 2007). Nota-se que o critério mais importante é que o indivíduo se reconheça pertencente àquela comunidade quilombola, estabelecida em um território comum.

Comunidade quilombola do Curiaú em Macapá, lugar em que os negros escravizados fugiam para proteger-se.

O reconhecimento legal das terras de quilombo somente ocorreu em 1988, com o advento da Constituição Federal. O artigo 68 do Ato das Disposições Constitucionais Transitórias declara que "aos remanescentes das comunidades dos quilombos que estejam ocupando suas terras é reconhecida a propriedade definitiva, devendo o Estado emitir-lhes os títulos respectivos".

A primeira titulação somente se deu em 1995 pelo Instituto Nacional de Colonização e Reforma Agrária (Incra) à Comunidade Boa Vista, localizada no município de Oriximiná, no Pará, estado que possui o maior número de comunidades quilombolas reconhecidas legalmente.

Segundo a Comissão Pró-Índio de São Paulo, no Brasil existem 216 comunidades quilombolas tituladas. Porém, mais de 3 mil ainda aguardam titulação pelo governo federal ou estadual. Enquanto isso, sofrem ameaças de grileiros de terra, grandes proprietários rurais, madeireiros etc. É necessário maior engajamento de cada um de nós para quitar essa dívida.

A BOLA DA VEZ

Usina do Tapajós: há alertas para as debilidades nos estudos técnicos e para os graves impactos socioambientais.

Depois das usinas hidrelétricas Belo Monte, no Rio Xingu, e Santo Antônio e Jirau, no Rio Madeira, há um projeto do governo federal que pretende construir um complexo de 7 hidrelétricas de grande porte na bacia do Rio Tapajós, um dos maiores afluentes do Rio Amazonas. O projeto enfrenta forte resistência de movimentos sociais, sociedade local, organizações não governamentais, comunidade acadêmica e Ministério Público. Todos alertam para as debilidades nos estudos técnicos e para os graves impactos socioambientais.

A principal usina do complexo chama-se São Luiz do Tapajós. É o nome de uma pequena vila de pescadores e agricultores próxima à cidade de Itaituba/PA. O Governo afirma que erros na construção de hidrelétricas na Amazônia não seriam mais cometidos. Porém, começou mal. Os estudos iniciais apontaram que 2 mil quilômetros quadrados de área protegida serão destruídos pelos reservatórios das usinas planejadas. Isso impediria a construção desse complexo de hidrelétricas. A solução encontrada pelo Governo foi reduzir os limites dessas áreas protegidas (chamadas de unidades de

Orla do Rio Tapajós em Alter do Chão, Santarém/PA. O rio tem aproximadamente 1.900 quilômetros. Nasce nas divisas do Pará, Mato Grosso e Amazonas, e deságua no Rio Amazonas.

conservação) através de Medida Provisória – ato contestado pelo Ministério Público Federal (MPF) no Supremo Tribunal Federal, e ainda sem julgamento.

Impactos

Muitas dessas áreas foram identificadas, do ponto de vista da biodiversidade, como de prioridade extremamente alta pelo Ministério do Meio Ambiente. Isso significa que elas abrigam espécies da flora e da fauna amazônicas que são endêmicas – existem apenas nessa região – e serão extintas com a execução desse projeto, sem nem sequer a oportunidade de terem sido estudadas.

Entre os mais impactados está o povo Munduruku. Eles somam mais de 13 mil indígenas que ocupam a bacia do Rio Tapajós. O projeto ameaça suas atividades tradicionais, como pesca, caça e transporte fluvial. E o licenciamento teve início sem consulta prévia, livre e informada, como manda a Convenção 169 da Organização Internacional do Trabalho (OIT).

Mas o povo indígena reagiu, através de uma carta enviada ao Governo.

Nós, indígenas Munduruku, não entendemos o que é hidrelétrica, quais os benefícios e prejuízos que trarão para a nossa população. Os estudos apresentados até hoje sempre nos deixaram muitas dúvidas, não temos conhecimentos dos impactos e das medidas que o Governo pretende tomar para minimizar esses impactos. Uma certeza nós temos, os peixes, as caças e as plantas medicinais que servem para a nossa sobrevivência ficarão mais escassos. Muitos lugares sagrados desaparecerão, é o caso da Cachoeira Sete Quedas, de que tanto falamos e o Governo nunca deu importância.

Em seguida, pesquisadores contratados pelo Governo que trabalhavam na região foram presos.

Os indígenas já mostraram que não ficarão pacíficos diante da ameaça à sua sobrevivência física e cultural. Tudo indica que, se continuar o processo de desrespeito aos direitos indígenas, a reação a esse complexo de hidrelétricas será sentida mais intensamente do que àquelas já construídas ou em construção na Amazônia.

A CRISE DA ÁGUA

> A crise da água é também ocasionada pela falta de seriedade no tratamento do principal recurso natural para a nossa existência.

O ano de 2014 vai ficar marcado não apenas pela derrota da seleção brasileira em nossa Copa do Mundo, mas também pela mais grave crise de água que já tivemos. A nascente do Rio São Francisco secou; a maior cidade do país entrou em racionamento de água; o desmatamento da Amazônia aumentou, e, para completar o pacote, foi o ano mais quente do planeta desde o início das medições em 1880.

Parece que só agora percebemos que a água é um recurso finito e que o seu uso deve ser, no mínimo, cuidadoso. Vários documentos internacionais já advertiam para o fato de que há regiões no planeta sofrendo com a escassez de água, que pessoas morrem de sede e que uma das consequências do aquecimento global é a diminuição do volume de água dos rios amazônicos. Por isso, a Organização das Nações Unidas (ONU) instituiu os anos de 2005 a 2015 como a Década da Água.

O Governo brasileiro fez o mesmo, instituindo em 2005 o início da Década Brasileira da Água, com objetivos de promover e intensificar políticas, programas e projetos para o gerenciamento e uso sustentável da água, assegurando a participação das comunidades, porém, isso tudo acabou ficando mais no papel.

Falta de seriedade

Na Amazônia, hoje comprovadamente uma região fundamental para abastecer de chuvas as demais regiões do país, não houve nem projetos para o gerenciamento da água, nem tampouco participação popular na gestão dela. A Lei das Águas, de 1997, determina que cada bacia hidrográfica tenha seu comitê formado por representantes do Poder Público, dos usuários e da sociedade civil local, para elaborar o plano de recursos hídricos da bacia. Nada foi feito.

O Governo ainda tentou maquiar a situação. Elaborou o pomposo Plano Estratégico de Recursos Hídricos dos Afluentes da Margem Direita do Rio Amazonas. Colocou Tocantins, Xingu, Tapajós e Madeira num só pacote – o que é impossível de gerenciar – e não criou o comitê gestor. Portanto, a crise da água é também ocasionada pela falta de seriedade no tratamento do principal recurso natural para a nossa existência.

Nesta época em que brotam tantas "profecias" como olhos-d'água, é preciso agir agora para que não se torne uma delas o que disse o vice-presidente do Banco Mundial em 1995, Ismail Serageldin: "Se as guerras deste século foram disputadas por petróleo, as guerras do próximo século serão travadas por água".

Rio Tapajós, em Alter do Chão, Santarém/PA.

OS RIOS AÉREOS DA AMAZÔNIA

A Amazônia é decisiva para a fertilidade das terras do Centro-oeste, Sul e Sudeste do Brasil.

A preocupação com o desmatamento da Amazônia não deve ser apenas dos povos da floresta. Os mais respeitados estudos sobre mudança climática informam que a Amazônia é decisiva para a fertilidade das terras do Centro-oeste, Sul e Sudeste do Brasil, além do Norte argentino. Tudo por causa da umidade transportada para essas regiões.

O professor Antônio Donato Nobre, do Instituto Nacional de Pesquisas Espaciais (Inpe), apresentou no final do ano passado um trabalho em que faz a revisão de mais de 200 estudos sobre o clima e a Amazônia. Denominado "O futuro climático da Amazônia", o relatório é um alerta impressionante sobre as consequências da destruição de nossa maior floresta.

Um dos segredos revelados é que no Brasil, ao contrário de outros países, não existem desertos na faixa do Trópico de Capricórnio (Centro-sul). O motivo para a manutenção de ciclos hidrológicos amigáveis nessa região é a Floresta Amazônica. Basta olhar para o lado, onde o poder regulatório da umidade amazônica não chega por causa da barreira natural dos Andes. Ali está o deserto do Atacama, no Chile. Na mesma faixa ficam as maiores cidades do Brasil: São Paulo e Rio de Janeiro.

No relatório, o ecossistema amazônico é definido como uma bomba biótica, impulsionando umidade pelo céu do país e funcionando como o coração do ciclo hidrológico. São os chamados "rios aéreos", que despejam mais água no Centro-sul do Brasil do que o Rio Amazonas despeja no Atlântico. Para o cientista, é preciso um esforço urgente para reverter a destruição do ecossistema amazônico.

Seria ótimo se uma das próximas resoluções de fim de ano fosse lutar em favor dos povos da Amazônia. Um bom começo é assinar o projeto de lei de iniciativa popular que impõe desmatamento zero à região (www.desmatamentozero.org.br).

Agora está comprovado. Quem defende os povos da Amazônia, defende o Brasil, defende o planeta.

Os rios aéreos despejam mais água no Centro-sul do Brasil do que o Rio Amazonas despeja no Atlântico.

A MÁRTIR DA AMAZÔNIA

"Não vou fugir nem abandonar a luta desses agricultores que estão desprotegidos no meio da floresta" (Irmã Dorothy Stang).

Em 12 de fevereiro de 2005, acordamos todos assustados com uma notícia que chamaria a atenção do Brasil para o que se passava na Amazônia. Uma mulher, idosa, professora, religiosa da Congregação Notre Dame de Namur, nascida americana e naturalizada brasileira, era assassinada com 6 tiros à queima-roupa, aos primeiros raios de sol daquele dia. Chamava-se Irmã Dorothy Stang – ou simplesmente Doti, para os povos da floresta.

Naquele tempo, o desmatamento da Amazônia estava na casa dos 27 mil quilômetros quadrados por ano – hoje está em torno de 4 mil quilômetros quadrados por ano –, e havia forte migração de trabalhadores, sobretudo nordestinos expulsos de suas terras, para a Transamazônica. O destino de muitos era Anapu (PA), a pequena cidade à beira da estrada. Sem terem para onde ir, eles eram levados a uma casa feita de madeira, pintada de verde-água, ao lado da Igreja de Santa Luzia, na qual seriam acolhidos com comida e lugar para atar a rede.

Doti lhes dizia que o lugar destinado pelo Instituto Nacional de Colonização e Reforma Agrária (Incra), para ocupação, ficava a 40 quilômetros de distância, num travessão quase intransitável da Transamazônica. Muitos aceitaram isso como tábua de salvação. Seria um assentamento diferente, sem a devastação altíssima que acontecia naquele tempo.

Desenvolvimento Sustentável Esperança

O assentamento foi batizado com o sugestivo nome de Projeto de Desenvolvimento Sustentável Esperança, e se desenvolvia a passos largos. Doti levou sementes de cacau, nativo da região, e promoveu o consórcio com outras espécies: açaí, castanha, banana etc. Para resumir, ajudou a região a se tornar uma das maiores produtoras de cacau do Brasil. Produziu melhoria econômica não vista em nenhum outro assentamento na Amazônia.

Isso atraiu a ganância da elite econômica da região – grileiros, madeireiros e fazendeiros. Aquele exemplo de projeto de desenvolvimento era pequeno, mas muito "perigoso" aos olhos dessa elite. Se a ideia se espalhasse, o poder político-econômico mudaria na Amazônia. E, por

"Nós perdemos a Doti, e a Amazônia ganhou uma mártir. Dorothy vive!"

conta disso, a juraram de morte e consumaram o ato, como mostrado no premiado filme *Mataram Irmã Dorothy*.

Em uma de suas famosas cartas, Doti declarou: "Não vou fugir nem abandonar a luta desses agricultores que estão desprotegidos no meio da floresta. Eles têm o sagrado direito a uma vida melhor, numa terra onde possam viver e produzir com dignidade, sem devastar".

Na homilia da missa de corpo presente, Dom Erwin Kräutler, o então bispo do Xingu, confessou que, quando de sua apresentação, em 1982, ela pediu que fosse enviada ao trabalho com os mais pobres entre os pobres. E completou: "Agora Dorothy fala com Jesus do alto da cruz: 'Tudo está consumado' (Jo 19,30). Sua vida e sua morte são o testemunho inequívoco do amor levado até as últimas consequências. 'Ninguém tem maior amor do que aquele que dá a vida por seus amigos'" (Jo 15,13). Sim, Dorothy deu sua vida! Deu o testemunho mais eloquente de seu amor: derramou seu sangue. Nós perdemos a Doti. E a Amazônia ganhou sua mártir.

A GUERREIRA MUNDURUKU

Uma jovem, chefe dos guerreiros Munduruku, Maria Leusa Kaba Munduruku, luta pela defesa do território de seu povo contra a construção da hidrelétrica São Luiz do Tapajós, no Pará.

O Governo planeja a construção de 12 hidrelétricas na bacia dos rios Teles Pires/Tapajós (MT/PA). Três já estão em execução: São Manoel, Colíder e Teles Pires. Porém, a maior delas, São Luiz do Tapajós, encontra forte resistência dos indígenas pela ameaça de destruição de seu território. Isso se deve muito a uma jovem, chefe dos guerreiros Munduruku, cujo nome em português é Maria Leusa Kaba Munduruku.

Até 2013, ela era a vice-presidente da Associação Pusuru. Quando percebeu que o destino de seu povo seria o mesmo dos povos indígenas do Xingu, que estão próximos da Usina Belo Monte, Maria Leusa, mesmo grávida, juntou os guerreiros para fazer a maior ocupação do canteiro daquela hidrelétrica e chamou a atenção para as barragens no Tapajós.

Por um golpe dos "brancos" que se dizem "amigos" dos indígenas, a jovem foi retirada da diretoria da Associação Pusuru. Mas ela não se intimidou. Criou o Movimento Iperêg Ayû e colocou a seu lado a maioria dos caciques Munduruku, cuja população soma mais de 13 mil indígenas.

No Rio Tapajós, município de Itaituba, no Pará, há projeto de construir a primeira de uma série de cinco hidrelétricas na bacia do Tapajós.

Uma das terras indígenas de seu povo ainda não está demarcada. Trata-se de Sawré Maybu. É considerada terra sagrada (Daje Kapap' Eipi), local onde nasceu o primeiro Munduruku (Karosakaybu), os animais e o Rio Tapajós. Se houver comparação com nossa civilização, pode ser chamada de "Jerusalém Munduruku".

A luta pelo povo

O processo de demarcação parou quando o Governo percebeu que a terra seria inundada com a construção da usina hidrelétrica São Luiz do Tapajós. É que a Constituição Federal proíbe a remoção forçada de povos indígenas, o que, na prática, inviabiliza a obra. E o momento de o Governo admitir uma área como Terra Indígena (TI) se dá com a publicação do Relatório Circunstanciado de Identificação e Delimitação, já pronto desde 2013, e não publicado, sem qualquer explicação. O relatório conclui que "o reconhecimento da TI Sawré Maybu, por parte do Estado, é imprescindível para conferir segurança jurídica aos indígenas e garantir que seus direitos sejam plenamente respeitados".

O Ministério Público Federal ingressou com uma ação na Justiça para obrigar o Governo a publicar o relatório, que aguarda julgamento.

Porém, Maria Leusa não esperou pelo Governo, nem pela Justiça. Convocou os guerreiros, entrou na mata fechada, mesmo amamentando sua filha, e partiu para fazer a primeira "autodemarcação de terra indígena no Brasil", enfrentando madeireiros e garimpeiros que cobiçam a área.

Sua luta merece ser conhecida em qualquer comemoração do Dia Internacional da Mulher.

AMÉRICA INDÍGENA

> O reconhecimento da identidade é próprio de cada pessoa; trata-se da autodefinição.

Agora temos os dados oficiais. Os indígenas que habitam o continente latino-americano somam 44 milhões. Esse dado faz parte do relatório da Comissão Econômica para a América Latina e o Caribe (Cepal), órgão da ONU, que, pela primeira vez, conseguiu levantar os dados demográficos da população indígena no continente.

Quando os europeus chegaram por aqui, há 5 séculos, a estimativa mais aceita é de que havia 47 milhões de indígenas. Portanto, depois de mais de 500 anos, ainda não conseguimos retornar ao número de indígenas que habitavam a América Latina quando da chegada dos europeus.

O extermínio não se deu preponderantemente por armas de fogo. Apenas o contato fez dizimar etnias inteiras, vítimas de varíola, sarampo, tifo, febre amarela e malária. Isso sem falar em trabalho forçado e castigos desumanos.

Mas a população que conseguiu resistir voltou a crescer. Embora esse crescimento fosse evidente, faltavam dados censitários em toda a região. Antes, o formulário do censo não possuía campo para que alguém pudesse se reconhecer indígena. Foi apenas a partir de 2010

Crianças do povo indígena Munduruku brincam nas águas do Rio Tapajós.

que o censo dos países incorporou o conceito de "indígena", com base nos critérios estabelecidos pela Convenção 169, da Organização Internacional do Trabalho (OIT): o reconhecimento da identidade, a origem comum, a territorialidade e a dimensão linguística e cultural. O reconhecimento da identidade é próprio de cada pessoa. Trata-se da autodefinição – é indígena quem se define indígena. Isso vem do direito à autodeterminação.

Com a adoção desses critérios por todos os países do continente latino-americano, foi possível concluir que México e Peru lideram em população indígena, com 17 e 7 milhões de pessoas, respectivamente. Uruguai (76 mil) e El Salvador (14 mil) possuem a menor população indígena do continente. O Brasil possui quase 900 mil indígenas. E lideramos em termos de diversidade. Somos o país com o maior número de povos indígenas – 305 povos dentre os 826 que habitam o continente. Porém, os dados também informam que 70 povos indígenas do Brasil estão extremamente fragilizados, com menos de 100 habitantes.

Oxalá possamos reconhecer e valorizar a delícia de ser um país pluriétnico.

País	População indígena	Porcentagem
Argentina	955.032	2,4
Bolívia	6.216.026	62,2
Brasil	896.917	0,5
Chile	1.805.243	11
Colômbia	1.559.852	3,4
Costa Rica	104.143	2,4
El Salvador	14.408	0,2
Equador	1.018.176	7
Guatemala	5.881.009	41
Honduras	536.541	7
México	16.933.283	15,1
Nicarágua	518.104	8,9
Panamá	417.559	12,3
Paraguai	112.848	1,8
Peru	7.021.271	24
Uruguai	76.452	2,4
Venezuela	724.592	2,7
Total	44.791.456	8,3

Fonte: Comissão Econômica para a América Latina e o Caribe (Cepal)

SOLDADOS DA BORRACHA

Os soldados da borracha só foram reconhecidos com a Constituição de 1988, mas de forma insatisfatória.

A participação do Brasil na Segunda Guerra Mundial não se deu apenas com o envio de 20 mil pracinhas para combater na Itália. Quase 60 mil brasileiros também foram convocados a auxiliar os Aliados de uma maneira diferente: produzindo látex, matéria-prima da borracha.

A borracha era essencial para equipar a indústria bélica americana. Naquele tempo, sua produção estava essencialmente na Ásia, bloqueada pelo Japão, que, ao lado do *Reich* alemão e da Itália de Mussolini, formavam as maiores forças do Eixo. E é aí que o Governo ditatorial de Getúlio Vargas entrou em cena. Os Estados Unidos financiariam a empreitada, e o Brasil forneceria a mão de obra e a Amazônia para a produção da borracha.

Com o acordo fechado, iniciou-se uma ampla campanha nacional para recrutar trabalhadores, quase todos nordestinos, para a Amazônia. Os que aceitaram ficaram conhecidos como soldados da borracha. Havia promessa de fartura e até de lotes de terra.

Os barcos que saíam de portos do Nordeste, como Fortaleza (CE), eram chamados de "modernos navios negreiros", diante do transporte de pessoas como se fossem cargas. A viagem durava de 15 a 60 dias, dependendo do local de destino na Amazônia. Os que chegavam vivos eram obrigados a assinar um contrato com o seringalista (dono do seringal), que era seu patrão, único comprador do látex e, geralmente, único vendedor de alimentos, remédios e insumos para o trabalho, a preços bem acima do normal.

Maria Helena Batista Farias nasceu e cresceu em Seringal e hoje trabalha no Museu do Seringal Vila Paraíso em Manaus, no Amazonas.

Uma saga

Em verdade, o soldado da borracha já chegava endividado à Amazônia e, dificilmente, conseguiria pagar a dívida, ou seja, deixar o seringal. Em alguns lugares, a população local também cortou seringa no intuito de participar do esforço de guerra. Em outros, indígenas entraram em guerra com os soldados da borracha, como, por exemplo, na região onde ocorreu a Batalha do Riozinho do Anfrísio – que hoje é uma Reserva Extrativista do mesmo nome, na Terra do Meio, entre os rios Xingu e Tapajós, no Pará.

Estima-se que 30 mil soldados da borracha morreram ainda na época da guerra, por assassinato, ataque de animais e surtos de malária, febre amarela, beribéri etc. Dos pracinhas enviados à guerra, 465 morreram. Os que voltaram após o término do conflito em maio de 1945 (há exatos 70 anos) fizeram jus a 7 salários mínimos por mês, abono, assistência médica e indenizações.

Os soldados da borracha só foram reconhecidos com a Constituição de 1988, mas de forma insatisfatória. Fizeram jus a 2 salários mínimos por mês, mas não seus descendentes, a menos que provassem incapacidade. Em 2014, a Emenda Constitucional n. 78 determinou o pagamento de 25 mil reais de indenização apenas aos 5 mil soldados da borracha ainda vivos e aos dependentes dos mortos.

Há ações na Justiça para obrigar o Governo a pagar indenizações de, no mínimo, 200 mil reais aos soldados da borracha e a seus descendentes.

A saga dos soldados da borracha ainda é um capítulo pouco conhecido de nossa História.

O GAVIÃO E A BARRAGEM

Paiaré era um jovem e importante líder do povo Akrãtikatejê, quando o governo militar decidiu construir a maior hidrelétrica genuinamente nacional.

Paiaré era um jovem e importante líder do povo Akrãtikatejê ou Gavião da Montanha, quando o governo militar decidiu construir a maior hidrelétrica genuinamente nacional no Rio Tocantins: a de Tucuruí. Era o ano de 1975. Não havia nenhuma norma ambiental que proibisse a obra ou minimizasse os impactos. Bastava que a Eletronorte, empresa recém-criada pelo Governo, decidisse fazer, e pronto. A justificativa era atender a fábricas de alumínio/alumina a serem construídas por grupos japoneses na Amazônia.

No ano de 2015, a Eletronorte comemorou os 30 anos da barragem, cuja primeira etapa terminou em 1985. Os indígenas lamentaram. Pois a barragem inundou 2.430 quilômetros quadrados de floresta, quando a previsão no papel era de inundar a metade. Consumiu mais de 4 bilhões de dólares (oficialmente), quando o planejamento previa 2 bilhões. Atingiu 2 terras indígenas e submergiu 14 povoados, forçando o deslocamento de mais de 28 mil pessoas.

Mas o impacto sobre o povo Gavião da Montanha foi ainda mais drástico. A terra indígena estava localizada exatamente onde se decidiu estabelecer o eixo da barragem. Engenheiros, topógrafos e trabalhadores da construção civil invadiram a área. Nesse tempo, o povo Gavião tinha apenas 13 anos de contato com nossa civilização.

Paiaré resistiu, foi ameaçado e torturado. Em 1977, contraiu pneumonia e, quando estava num hospital em Tucuruí, sem entender nada, recebeu a visita do advogado da Fundação Nacional do Índio (Funai), com o pagamento de 700 mil cruzeiros pelas benfeitorias. A Eletronorte não reconhecia o lugar como terra indígena, apesar de haver uma lei estadual nesse sentido e registros informando que desde 1850 o povo Gavião se estabelecera na Montanha.

Paiaré continuou na sua terra até 1984, quando passou a ser impossível viver dentro de um canteiro de obras. Naquele ano a Eletronorte levou alguns indígenas, sem Paiaré, a Belém do Pará. Lá celebraram um contrato de compra da terra indígena, o que não era permitido nem pela lei da época.

A luta de Paiaré por justiça continua pelas mãos de seu povo, é a luta de um indígena para continuar indígena.

Deslocamento compulsório

Paiaré e seu povo foram deslocados compulsoriamente para a terra indígena Mãe Maria, a mais de 200 quilômetros da Montanha. A nova área era ainda dividida com mais 2 outros grupos indígenas, Parkatejê e Kyikatejê. E também foi atingida por novos projetos. A terra foi cortada pela linha de transmissão de Tucuruí, por uma rodovia, pela ferrovia da Vale do Rio Doce S.A. e, também, por um assentamento de trabalhadores rurais feito pelo Governo.

Paiaré e seu povo não se conformavam. Em 1989, o Núcleo de Direitos Indígenas (NDI), a Comissão Pro-Índio de São Paulo, o Centro de Trabalho Indigenista (CTI) e a Sociedade Paraense de Defesa dos Direitos Humanos (SPDDH) decidiram advogar para Paiaré. Ingressaram com uma ação judicial contra a Eletronorte para obter outra área de igual tamanho e com as mesmas condições ambientais da terra originária.

Em 2003, a Justiça Federal deu ganho de causa ao povo indígena. Mas, até hoje, a nova área não foi comprada pela Eletronorte, em que pesem tantos governos já passados. A última área escolhida aguarda o pronunciamento da Funai sobre a viabilidade de ser ocupada pelo povo Gavião da Montanha.

Paiaré morreu de complicações no coração em abril de 2014. Sua luta por justiça continua pelas mãos de seu povo. É a luta de um indígena para continuar a ser indígena.

O VENENO DO DENDÊ

É necessário, urgentemente, rever o programa de biocombustível e uso de agrotóxico; qualquer monocultura na Amazônia agride a vocação natural da região.

O Brasil é o campeão mundial no uso de agrotóxicos. Essa notícia não é boa para nenhum país, mas pode ser pior. Estamos usando produtos que já foram banidos da Europa. A consequência desse fato não é apenas o dano à saúde das comunidades vizinhas da área onde se usa o produto. Todos estamos sendo contaminados quando fazemos uso ou comemos alimentos com alta incidência de agrotóxicos.

No intuito de ser mais uma forma de "desenvolver" a Amazônia, o governo federal, em 2004, criou o Programa Nacional de Produção e Uso do Biodiesel, mas foi a partir de 2010 que a produção deslanchou. Seu objetivo era utilizar áreas degradadas para cultivar dendê. Dos 31,8 milhões de hectares disponíveis para esse plantio, quase 30 milhões de hectares estão na Amazônia Legal.

Parte dessa área está nas mãos de agricultores familiares. Assim, a ideia foi financiar não apenas as grandes empresas que se dispusessem à empreitada, mas também os pequenos agricultores. E centenas foram seduzidos, principalmente no Pará.

Qualquer monocultura na Amazônia agride a vocação natural da região.

O problema maior é o uso de agrotóxico nessa cultura. A Organização Não Governamental (ONG) Repórter Brasil vem assumindo um jornalismo investigativo sobre o dendê na Amazônia. Suas constatações são estarrecedoras. Ela descobriu que em 166 mil hectares são utilizados cerca de 332 mil litros de herbicida todo ano. Como estamos falando da Amazônia, onde há alta ocorrência de cursos d'água e de chuva, há risco tanto para as comunidades quanto para a biodiversidade animal e vegetal expostas à contaminação.

Agrotóxico na cultura

E a contaminação foi inevitável. A Repórter Brasil detectou que, no Baixo Tocantins, no Pará, o agricultor Antônio Ribeiro possui um pequeno lote na comunidade Castanhalzinho, bem ao lado de um grande plantio de dendê. Ele narra que "nos dias de aplicação de veneno no dendê a família tem sofrido com fortes dores de cabeça". "Ontem mesmo passei 24 horas no hospital por conta da dor", diz o agricultor. Segundo ele, não é possível manter nenhuma criação de aves, como galinhas e patos. "Eu até tentei, mas aí elas ficam doentes, começam a melar o bico, e morrem. Não sei dizer se é por causa do veneno, mas acredito que sim", conta Antônio. O principal problema da família, no entanto, é que a única fonte de água para consumo, um poço artesiano, está localizada a menos de 50 metros do dendezal.

No fim de 2014, uma das maiores instituições de pesquisa da Amazônia entrou na briga. O Instituto Evandro Chagas divulgou estudo que avaliou as águas superficiais e sedimentos em uma área de 840 quilômetros quadrado, também no Baixo Tocantins, e detectou a contaminação por agrotóxico utilizado na cultura do dendê em 14 dos 18 pontos coletados.

Próxima dessa área, localiza-se a terra indígena Turé-Mariquita. O cacique Raimundo Tembé informou o que anda ocorrendo naquela região. "As caças diminuíram com os venenos que são jogados, contaminando os igarapés. Encontraram um tatu morto, o que não é normal de se ver..."

É necessário, urgentemente, rever o programa de biocombustível e uso de agrotóxico. Qualquer monocultura na Amazônia agride a vocação natural da região, que detém a maior biodiversidade do planeta.

O CHOQUE DOS MODELOS

> Desenvolvimento com preservação ambiental é concebido e voltado para os povos da floresta que possuem centenas de anos em conhecimento na forma de lidar com os recursos florestais sem o impacto suicida.

A Amazônia vive hoje o choque entre dois modelos diferentes de desenvolvimento. O primeiro pode ser chamado de desenvolvimento predatório, o segundo, de socioambiental.

O primeiro modelo foi sintetizado de forma bem didática na encíclica *Laudato Si'*, do Papa Francisco. No capítulo em que cita a Amazônia duas vezes, constata que:

> O cuidado dos ecossistemas requer uma perspectiva que se estenda para além do imediato, porque, quando se busca apenas um ganho econômico rápido e fácil, já ninguém se importa realmente com a sua preservação. Mas o custo dos danos provocados pela negligência egoísta é muitíssimo maior do que o benefício econômico que se possa obter.

A consequência disso está explicada no item seguinte da encíclica, "deterioração da qualidade da vida humana e degradação social", a qual, a seu turno, leva a uma "desigualdade planetária", o final do capítulo.

É verdade. O modelo de desenvolvimento predatório se implantou na Amazônia com 5 atividades básicas: madeira, pecuária, mineração, monocultura e energia hidráulica. E criou consequências desastrosas. Quase 20% da Amazônia foi destruída nesses últimos 40 anos.

Uma reportagem de Leonencio Nossa e Dida Sampaio, do jornal *O Estado de S.Paulo*, em julho de 2015, mostrou que, em 1960, 35% da população da Amazônia era urbana. Hoje, após a massificação desses projetos, estamos beirando 80% dessa população nas cidades.

Isso não significa que a vida tenha melhorado. A reportagem também mostrou que "um terço da população das grandes e médias cidades da Amazônia vive em territórios do tráfico e com violações de direitos humanos. Nas periferias da maior floresta tropical, a qualidade de vida é pior que nos morros e nas favelas de Rio de Janeiro e São Paulo".

Socioambiental

A encíclica tem razão: "O ambiente humano e o ambiente natural se degradam juntos". Em oposição a esse modelo está o socioambiental. Ele parte de um princípio básico: articulação entre a biodiversidade

e a sociodiversidade. Dito de outro modo, ele concilia desenvolvimento com preservação ambiental. É concebido e voltado para os povos da floresta que possuem centenas de anos em conhecimento na forma de lidar com os recursos florestais sem o impacto suicida.

Suas principais atividades são o extrativismo e a agricultura, com base em produtos cada vez mais fortes no mercado, como açaí, castanha-do-pará, cacau, óleos de andiroba e copaíba. Isso sem falar nos que ainda não foram estudados. O potencial farmacológico da flora amazônica só foi estudado em 5%. O Instituto Nacional de Pesquisas da Amazônia (Inpa) estima que 788 espécies de sementes da região possuem interesse econômico, mas apenas metade delas foi estudada. É um modelo redistribuidor de renda porque predomina a forma coletiva de uso da terra, como reservas extrativistas, terras indígenas, territórios quilombolas e projetos de desenvolvimento sustentável. É também o modelo dos povos que consideram que desenvolvimento é possuir exatamente o que já possuem: água limpa e floresta protegida. Estamos em pleno processo de guerra com relação a esses modelos de desenvolvimento. Que a encíclica nos inspire a tomar atitudes!

A castanheira aparece na lista de espécies ameaçadas e a principal causa para o risco de extinção é o desmatamento.

O RITUAL DA MENINA-MOÇA

> Os rituais de passagem ainda não foram compreendidos em sua plenitude pela cultura não indígena.

Vários povos indígenas no Brasil estabelecem um ritual de passagem da infância para a juventude. Os povos Nambiquara, Tikuna, Kadiwéu e Tembé, por exemplo, fazem um grande ritual que, em alguns casos, dura semanas ou meses. Tanto meninas como meninos são iniciados, embora a ênfase seja dada às meninas.

O povo Tembé, que habita a divisa do Pará com o Maranhão, realiza esse ritual repleto de significados místicos. Os jovens passam por confinamento. Seus pais constroem pequenas malocas totalmente fechadas, feitas de palha. Esse confinamento pode durar semanas. Nesse período, eles são submetidos a uma dieta rigorosa à base de peixe – as carnes de caça e de aves são proibidas. Isso tem profunda relação com a limpeza e purificação do corpo e do espírito. O tempo para a iniciação é marcado pela mudança de voz para os meninos e pela primeira menstruação para as meninas.

Enquanto os jovens estão confinados, a festa vai passando de etapa em etapa, chamada de Ritual ou Festa do Milho, do Mel, do Moqueado... Sempre em agradecimento pelo alimento, em que se destaca a figura de Maíra ou Mair, que pode ser traduzida como

Na figura da menina se tem a certeza da continuidade do povo e da tradição indígenas.

mãe-terra. Para os Tembé, todas as coisas criadas possuem mãe, o que também explica a ênfase dada ao mundo feminino nesse ritual.

Na última semana de confinamento inicia-se a festa. Todos os habitantes da aldeia são chamados a dançar dia e noite ao som de maracá e cânticos em tupi que falam sobre a criação do mundo e a história do povo Tembé.

A passagem

Os jovens, confinados, apenas ouvem os cânticos. Não podem ver. São acionados apenas para receber a comida e a pintura especial à base de jenipapo e de uma resina, na qual são aderidas penas de pássaros (geralmente brancas). No cabelo, é colocada uma plumagem colorida. Saem da pequena maloca apenas para as necessidades fisiológicas: as meninas, levadas, geralmente, pela mãe ou avó, e os meninos, pelo pai ou avô.

No último dia do ritual, os jovens saem do isolamento e são levados à maloca principal. É o auge da festa. A partir dali, não são mais crianças. É como se fosse uma apresentação oficial. Passaram pelo confinamento. Refletiram sobre seu papel na comunidade. Receberam conselhos dos mais velhos. Agora, possuem responsabilidades. A ênfase sobre as meninas continua. Elas passam a ser mulheres e são as mais festejadas na maloca principal. Na figura da menina se tem a certeza da continuidade do povo e da tradição indígenas.

O pajé possui o papel principal. Ele é o intermediário entre o mundo dos espíritos e o material. Ele discursa. Faz um ritual de fortalecimento dos jovens contra doenças. Invoca os espíritos de proteção dos jovens contra as adversidades naturais e sobrenaturais. Após muita dança, comida, bebida e cânticos, o ritual se encerra.

Esses rituais de passagem ainda não foram compreendidos em sua plenitude pela nossa civilização. Essa incompreensão não pode levar ao menosprezo ou preconceito. Ao contrário, temos muito a aprender com eles ao valorizarmos a diferença. Isso é ser um país pluriétnico.

O VER-O-PESO E A PROCISSÃO

"A corda do Círio de Nazaré não é uma corda de se flagelar, mas para flagelar o sofrimento; torna-se instrumento de redenção, uma espécie de catarse da gratidão pelas graças recebidas" (João de Jesus Paes Loureiro).

Se existe um lugar que pode sintetizar a Amazônia, esse lugar é o Mercado Ver-o-Peso, em Belém do Pará. Considerado a maior feira livre da América Latina. Em verdade, não se trata de um mercado, e, sim, de um complexo arquitetônico e paisagístico de 35 mil metros quadrados, tombado como Patrimônio Material pelo Instituto do Patrimônio Histórico e Artístico Nacional (Iphan). Suas principais edificações são o Mercado de Ferro, o Mercado da Carne, a Praça do Relógio, a Doca, a Feira do Açaí, a Ladeira do Castelo e o Solar da Beira e a Praça do Pescador.

Esse complexo fica às margens da Baía do Guajará, local do encontro de 3 rios: o Pará, o Guamá e o Acará. Os rios são as estradas que trazem centenas de pequenas e médias embarcações de ribeirinhos, quilombolas e indígenas. Essas embarcações transportam milhares de frutos, sementes, cascas de árvores, folhas, óleos vegetais e peixes que são comercializados como alimento, remédio e cosmético.

Muitos desses produtos não são conhecidos pela ciência de nossa civilização. O Instituto Nacional de Pesquisas da Amazônia (Inpa),

por exemplo, estima que 788 espécies de sementes da região possuem interesse econômico, mas apenas a metade delas foi estudada. E o Museu Paraense Emílio Goeldi descobriu que, apenas no período em que estava fazendo o inventário da biodiversidade da Amazônia (2000 a 2011), das 3.800 espécies, 130 novas foram descobertas, sendo 48 plantas, 1 fungo e 81 animais que vivem na Amazônia. Estima-se que 1 em cada 10 espécies do mundo vive na região.

O Círio

O Mercado do Ver-o-Peso, além de representar a história viva da região, é também local obrigatório de passagem da maior procissão católica do país (e talvez do mundo): o Círio de Nazaré. Todos os anos, no segundo domingo de outubro, cerca de 2 milhões de romeiros conduzem a imagem da Virgem pelas ruas de Belém.

A imagem foi achada em 1700 pelo caboclo Plácido José de Souza, no meio da mata, onde hoje se encontra a Basílica Santuário de Nossa Senhora de Nazaré. Conta-se que Plácido levou a imagem para sua casa, mas, no dia seguinte, ela voltou ao local de origem. O fato ter-se-ia repetido por diversas vezes.

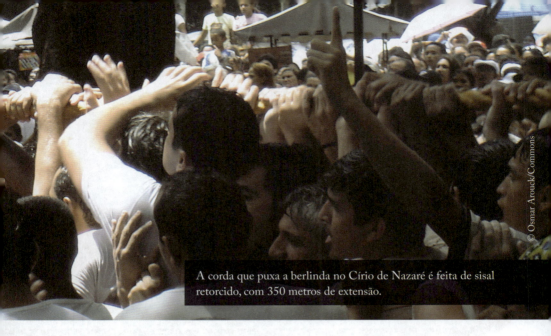

A corda que puxa a berlinda no Círio de Nazaré é feita de sisal retorcido, com 350 metros de extensão.

O Ver-o-Peso foi responsável por introduzir um dos símbolos mais importantes da procissão: a corda. Feita de sisal retorcido, com 350 metros de extensão, a corda puxa a berlinda com a imagem da santa.

No ano de 1885, havia chovido bastante na noite anterior ao Círio. Quando a procissão chegou ao Ver-o-Peso, a berlinda com a imagem atolou. Um comerciante do local conseguiu uma grande corda que foi atrelada à berlinda. E a tradição começou.

O poeta Paes Loureiro assim define esse símbolo: "A Corda do Círio é uma dignificação da corda como signo mágico-religioso. No percurso em que ela é puxada pelos promesseiros, há lances dramáticos na fricção de corpos suados e extenuados; no atropelo das pessoas levantadas e empurradas no ar acima do chão... Mas é um raro momento escolhido pelos romeiros para um sacrifício redentor do espírito, da emoção, do astral, da crença. Não é uma corda de se flagelar, mas para flagelar o sofrimento. Torna-se instrumento de redenção. Uma espécie de *catarse* da gratidão pelas graças recebidas".

Esse agradecimento dos povos da floresta à Rainha da Amazônia se renova a cada outubro, no Círio de Nazaré.

O TARDIO FUNERAL

Para os Yanomami, a pessoa morta deve ter seu corpo cremado com todos os seus pertences, até mesmo a casca da madeira onde sua rede ficava amarrada é raspada.

Os espíritos de 474 indígenas do povo Yanomami mortos nos últimos 40 anos foram para a morada final apenas no último mês. Eis a crença desse povo indígena que habita os estados de Roraima e Amazonas e a Venezuela. A causa desse tardio funeral foi a devolução de amostras de sangue de indígenas. Elas estavam nos Estados Unidos e foram repatriadas pelo Ministério Público Federal.

Tudo começou na década de 1960, que marcou o primeiro contato de nossa civilização com os Yanomami. Com a ajuda de missões evangélicas norte-americanas, o geneticista James Nell e o antropólogo Napoleon Chagnon, em 1967, coletaram o sangue dos indígenas em troca de utensílios, como facões, machados... Nenhum Yanomami falava português ou inglês na época.

Em 2001, com o lançamento do livro de Patrick Tierney, *Trevas no Eldorado*, o líder Davi Kopenawa tomou conhecimento de que as amostras de sangue ainda existiam. O sangue estava sendo utilizado por diversos institutos de pesquisas genéticas. Na Reunião Anual de Antropólogos Americanos (AAA), o líder Yanomami denunciou que o sangue fora coletado sem respeito ao princípio do "consentimento livre, prévio e informado" em pesquisas biomédicas, que está previsto em diversos documentos internacionais, como o Código de Nuremberg (1947) e a Declaração de Helsinque, da Associação Médica Mundial (1964).

Cultura respeitada

O líder Yanomami também teve seu sangue coletado quando tinha cerca de 6 anos. Aliás, seu primeiro nome, Davi, se deve a uma missão evangélica que se instalou na terra indígena naquela época. Essa missão foi expulsa depois por levar à aldeia uma pessoa infectada com sarampo, fato que ocasionou muitas mortes em seu clã.

Ritual na memória de Galdino, líder indígena do povo Pataxó-hã-hã-hãe que foi queimado vivo em um ponto de ônibus em Brasília em 1997.

A partir daí, houve uma corrida para descobrir onde estava o material genético e repatriá-lo. O Instituto Nacional do Câncer, o Instituto Nacional de Saúde e a Universidade da Pensilvânia, todos nos Estados Unidos, concordaram em devolvê-lo. Em abril, chegaram 2.693 frascos de sangue. No mês passado, mais 474.

A luta jurídica terminara. A subprocuradora-geral da República, Deborah Duprat, entregou as amostras ao líder Kopenawa, em Brasília (DF). Este disse que "ninguém veio do céu, não. Viemos da terra, nascemos nesta terra, então temos que devolver esse sangue".

No ritual, abriu-se uma cova em uma das malocas. Com muito cuidado e respeito, o sangue era derramado, voltando à sua origem. Os xamãs inalavam *yãkoana*, substância que apenas eles podem utilizar, com o objetivo de ver os espíritos e fazê-los dançar. Os demais presentes choravam ao lembrar seus mortos. Após o funeral, seguiu-se uma grande festa.

Para os Yanomami, a pessoa morta deve ter seu corpo cremado com todos os seus pertences. Até mesmo a casca da madeira onde sua rede ficava amarrada é raspada. Normalmente, antes de morrer, a pessoa distribui seus poucos pertences, especialmente instrumentos agrícolas. Nessa cultura, é mais reverenciado quem for mais generoso.

Essa história também foi mencionada no documentário *Segredos da tribo*, do cineasta José Padilha (2010). Com o capítulo final no mês passado, a luta dos Yanomami deve servir de exemplo. Não descansaram enquanto não tiveram o retorno do sangue à terra, ou seja, a sua cultura respeitada.

O FRADE E A ÁRVORE

Contemplar a árvore todo dia é exemplo de realização e libertação total.

A região do Bico do Papagaio ficou conhecida nas décadas de 1980 e 1990 como uma das mais violentas do país. Está situada na Amazônia, onde hoje é a divisa dos estados do Pará, Tocantins e Maranhão. Era a região do trabalho escravo, dos assassinatos dos trabalhadores rurais, da grilagem de terra, do desmatamento desenfreado e da Guerrilha do Araguaia.

Tudo começou durante a ditadura militar – anos 1970. Com o trauma da guerrilha, o governo militar resolveu estimular o que acreditava ser o "desenvolvimento" da região. Levou para lá empresários do Sul e Sudeste, abrindo o cofre de três financiadores públicos – Banco do Brasil, Banco da Amazônia e Superintendência do Desenvolvimento da Amazônia (Sudam).

Esse "desenvolvimento" estava baseado em 2 atividades básicas: madeira e pecuária. Num primeiro momento, o ataque aos recursos florestais era realizado pelos madeireiros. O resultado foi trágico: o esgotamento do recurso natural. A terra, sem mais utilização para madeireiros, era vendida aos fazendeiros, que colocavam abaixo o restante da floresta, considerada, literalmente, um obstáculo a ser derrubado. Em seu lugar, plantavam capim. Os madeireiros, por seu turno, migravam para outra área ainda não desmatada, e reiniciavam seu projeto.

Agora tem tempo para contemplar a criação, combateu madeireiros na Amazônia, está feliz por ter aquela única árvore na janela.

Um com todos

Foi nesse cenário que um frade dominicano, vindo da França, chega à região em 1978 para travar uma luta tal qual Dom Quixote de La Mancha. Aliás, até fisicamente, ele se parece com o personagem de Cervantes. Chama-se Frei Henri Burin des Roziers (1930). Sua família é abastada e ficou conhecida por fazer parte da Resistência Francesa contra o nazismo. Formou-se em Letras e Direito. Atuava com estudantes da Universidade Sorbonne em maio de 1968, no movimento que mudou a França. Tornou-se um dos padres operários, trabalhando como motorista de caminhão e, depois, em uma fábrica, como forma de compreender e se aproximar da realidade sofrida dos trabalhadores, sobretudo dos migrantes.

Ao chegar ao Bico do Papagaio, ele deparou-se com uma grande injustiça social contra os posseiros de terra – aqueles que habitavam a região por anos, mas não possuíam documento de posse da terra. Encontrou também migrantes que foram recrutados em outras regiões do país com falsas promessas e se tornaram escravos modernos nas fazendas da região.

Para ser mais útil, Frei Henri valida seu diploma de Direito e se torna o *advogado dos posseiros*, através da Comissão Pastoral da Terra (CPT). Enfrentou os poderes econômico e político e encabeçou por anos a lista dos ameaçados de morte. Viu morrer assassinados seus irmãos de CPT, Padre Josimo Tavares, mártir da reforma agrária, e Irmã Dorothy Stang, mártir da Amazônia.

Seu trabalho não foi em vão. O Bico do Papagaio não é mais a campeã nacional do trabalho escravo, nem de morte de trabalhadores rurais, apesar dos imensos desafios que ainda existem para garantir o direito à dignidade a todos.

Há 3 anos, ele visitava o Convento dos Dominicanos em sua terra natal, Paris, quando foi acometido de uma rara doença que lhe retirou a força das pernas. Não voltou mais para cá. Vive num quarto pequeno com uma janela em que contempla uma única árvore: o plátano, a mais comum da cidade. Através dela, sabe a estação do ano.

Estive com ele em 2015. Fiquei emocionado com a situação. Mostrou-se sorridente e feliz como sempre. Disse que agora tem tempo para contemplar a criação. Pensei em como ele, que combateu madeireiros na Amazônia, estava feliz por ter aquela única árvore na janela. Nunca deixou de ensinar pelo exemplo. Contemplar a árvore todo dia é exemplo de realização e libertação total.

NOSSA TEMPERATURA

A terra não pode aquecer mais de 2 graus até o fim deste século, mas é preciso um acordo entre os países.

A temperatura do planeta não pode continuar aumentando. Os cientistas estabeleceram um limite. A terra não pode aquecer mais de 2 graus até o fim deste século. Mas é preciso um acordo entre os países. E foi para isso que a Organização das Nações Unidas (ONU) convocou a Conferência das Partes (COP 21), realizada de 30 de novembro a 11 de dezembro de 2015, em Paris (França). COP significa "conferência das partes". E partes, no caso, são os países que aderiram à causa que se iniciou na Conferência Rio 92. O número 21 significa que essa foi a 21ª Conferência Internacional sobre o tema. E a mais importante. Ela reuniu 195 países que devem mudar a forma de agir. Eles devem sair de uma economia que privilegia a emissão de gases de efeito estufa para uma economia sustentável – ou de baixo carbono. E isso não é fácil. Os países mais ricos possuem suas economias baseadas na emissão desses gases, sobretudo dióxido de carbono e metano. É preciso, portanto, guardar o carbono dentro da terra, em forma de petróleo, e manter as árvores em pé.

Indígenas, guardiões do clima

A Amazônia tinha de ter um lugar de destaque. A Coordenadoria das Organizações Indígenas da Bacia Amazônica (Coica) mostrou na COP 21 que, na região, 32% do carbono está nas terras indígenas. Em termos mundiais, as terras indígenas guardam 20,1% de todo o carbono das florestas tropicais juntas. Para salvar o planeta, deve-se proibir o desmatamento e deixar de extrair o petróleo da terra.

A imprensa francesa tratou os indígenas como guardiões do clima por habitarem áreas de floresta que sequestram carbono. Mas os indígenas não foram ouvidos na conferência. Aliás, não foram ouvidos oficialmente. No entanto, indígenas de todos os continentes participaram de eventos paralelos.

Um desses indígenas foi o cacique Raoni, líder do povo Kayapó, que foi recebido pelo presidente da França, François Hollande, no Palácio do Eliseu. Raoni disse que os povos indígenas já estão sendo afetados pela mudança climática. E mais, que é preciso parar a forma como a sociedade "branca" usa os recursos naturais e, ainda, que a sociedade não respeita os espíritos protetores da natureza. Em resposta, o presidente francês declarou que a COP deveria ouvir os povos indígenas. O líder indígena, entretanto, não se contentou com a boa receptividade. Começou a negociação com outros caciques para que houvesse um encontro mundial dos indígenas sobre o clima. Ele quer que sejam denunciados os projetos de empresas e de governos que afetam diretamente esses povos, como as 153 hidrelétricas previstas ou em construção na região Pan-Amazônia, nos próximos 20 anos.

Troféu Cara de Pau

O Brasil poderia ter saído na frente nessa nova ordem mundial. Mas perdeu a oportunidade. Chegou à COP com um cartão de visita péssimo: o rompimento da barragem em Mariana (MG) e o crescimento do desmatamento na Amazônia em 16%. Ainda assim, o

Governo fez uma cerimônia de assinatura de compromisso de desmatamento ilegal zero na embaixada brasileira em Paris. Ou seja, fez um evento para assumir um compromisso que já havia assumido e não tinha cumprido. A Organização Não Governamental brasileira Engajamundo estava presente e não perdoou. Entregou à ministra do Meio Ambiente o Troféu Cara de Pau.

Mas a COP 21 terminou com alguma esperança de que não vamos acabar com o planeta. Os compromissos assumidos pelas partes são importantes, mas insuficientes. É aí que entra em campo a sociedade civil. O maior ganho da conferência não foi o conteúdo do acordo, mas o fato de o problema ter sido escancarado, conscientizando as futuras gerações de que é preciso mudar nossa relação com a criação. A receita para isso é simples e foi dada pelo Papa Francisco na encíclica *Laudato Si'*.

ETNOCÍDIO NO XINGU

A construção das barragens na Amazônia vem causando a destruição sistemática dos modos de vida e pensamento de povos tradicionais.

Os rios amazônicos passam 6 meses subindo e 6 vazando. O período de maior enchente compreende os meses de janeiro a abril. E é assim que o rio dita a vida das comunidades ribeirinhas.

Essa dinâmica de milênios começa a ser quebrada na região da Volta Grande do Xingu, Estado do Pará. É uma área de 100 quilômetros de rio que abriga mais de 20 mil pessoas entre ribeirinhos, extrativistas e indígenas. Os 22 mil metros cúbicos de água por segundo que passariam pelo leito do Rio Xingu estão sendo desviados. Não vão mais regar Volta Grande. Suas águas entrarão por um canal artificial, que recebeu mais concreto do que o Canal do Panamá, com destino a uma pequena comunidade de pescadores, chamada Vila de Belo Monte, onde o Governo constrói o que propaga ser a terceira maior hidrelétrica do mundo.

A população de Volta Grande ficará com apenas 10% a 20% da água do Xingu que normalmente irrigava suas vidas. Quase 3 centenas de espécies de peixes desaparecerão – algumas endêmicas. As dezenas de igarapés devem começar a secar. Essas águas irrigavam as árvores da região, como a castanheira-do-pará, no centro de Volta Grande.

Antes de Volta Grande – rio acima –, o efeito será o contrário. Cerca de 500 quilômetros quadrados de área serão alagados permanentemente. Milhares de pescadores estão deixando suas casas e se mudando para a cidade de Altamira, em áreas de reassentamento longe do rio. Queixam-se que em uma semana de trabalho pescavam 2 toneladas de peixes. Hoje pescam 7 quilos.

A vida que escolheram viver acabou. A tradição, a cultura, as festas ditadas pela dinâmica do Xingu... Tudo acabou. Seus corpos ainda permanecem vivos.

Morte anunciada

Esse contexto é caracterizado por uma palavra relativamente nova: etnocídio. Alguns antropólogos se debruçaram sobre o tema, bem como Sônia Magalhães, Eduardo Viveiros de Castro e Pierre Clastres. Este último ensina que

> se o termo genocídio remete à ideia de "raça" e à vontade de extermínio de uma minoria racial, o termo etnocídio aponta não para a destruição física dos homens (caso em que permaneceria a situação genocida), mas para a destruição de sua cultura. O etnocídio, portanto, é a destruição sistemática dos modos de vida e pensamento de povos diferentes daqueles que empreendem essa destruição. Em suma, o genocídio assassina os povos em seu corpo, o etnocídio os mata em seu espírito.

A barragem de Belo Monte, desde o seu planejamento, violou direitos da população do Xingu, como a falta de consulta aos povos e comunidades afetados; e as licenças concedidas pelo Instituto Brasileiro do Meio Ambiente e dos Recursos Naturais Renováveis (Ibama) sem o cumprimento das condicionantes. Porém, agora que o rio começa a ser desviado, sua face mais cruel é descortinada.

Era evidente que isso aconteceria. O bispo emérito do Xingu, Dom Erwin Kräutler – que desde 1965 vive na região, como um profeta, muito antes de a barragem começar a classificou como uma monstruosidade apocalíptica para os povos do Xingu. Ao se encontrar com o Papa Francisco, ele relatou:

> Queria convidar todos a refletirem sobre o que Aparecida disse a propósito da Amazônia, incluindo o forte apelo ao respeito e à salvaguarda de toda a criação que Deus confiou ao homem, não para que a explorasse estupidamente, mas para que ela se tornasse um jardim. E nesse contexto falei dos empreendimentos desenvolvimentistas que causam um verdadeiro caos social e ambiental. Citei como exemplo a hidrelétrica de Belo Monte no Xingu. Todas as apreensões técnicas manifestadas por especialistas não conseguiram convencer o Governo brasileiro a desistir desse megaprojeto. Em torno de 40 mil pessoas são diretamente atingidas por Belo Monte e terão que deixar suas casas.

O mais recente capítulo dessa saga foi uma ação judicial proposta pelo Ministério Público Federal contra o Governo e a empresa Norte Energia, solicitando a formação de um fundo fiscalizado por órgãos independentes para tentar minimizar o sofrimento do povo do Xingu diante do etnocídio.

© Osnilda Lima/Repam-Brasil

No Rio Xingu, com a construção de Belo Monte, a vida que as pessoas escolheram para viver acabou.

O GOLPE DUPLO

Povos indígenas de Minas Gerais resistiram à ditadura e à intensa colonização na busca de ver o direito brotar e correr a justiça qual riacho que não seca.

Minas Gerais ainda abriga 7 terras indígenas, apesar da intensa colonização. São elas: Aranã, Kaxixó, Maxakali, Pankararu, Puri, Xakriabá e Krenak. Seus povos resistiram a tudo e a todos. Estes últimos, os Krenak, ainda foram vítimas da ditadura militar.

Coube ao Ministério Público Federal (MPF), através do procurador da República Edmundo Antônio Dias, trazer essa história à tona. Ele conta, numa recente ação judicial, que o governo militar resolveu instalar na terra indígena Krenak uma prisão, chamada de Reformatório Krenak, para receber índios desajustados. Eram os anos de 1969 a 1972.

Nesse local, foram recebidos indígenas considerados de mau comportamento e criminosos. A Fundação Nacional do Índio (Funai) deixou o local a cargo da Polícia Militar de Minas Gerais (PM/MG), por ter se tornado um ambiente de trabalho forçado, tortura, remoção compulsória, espancamento e até "desaparecimento".

O reformatório criou a Guarda Rural Indígena (GRIN) – uma espécie de Polícia Indígena. Na formatura da primeira turma, com

Os povos indígenas de Minas Gerais, nos anos de chumbo, estavam confinados pela ditadura; no século 21, pelo dano ambiental.

a presença do então governador de Minas Gerais, Israel Pinheiro, houve um desfile. Nele foi exibido um indígena dependurado em um pau de arara. A cena foi filmada. É considerada a única registrada no Brasil, mostrando tortura em evento oficial.

Indígenas de 15 etnias passaram por lá. Um deles, Manelão Pankararu, foi trazido de Pernambuco para ficar detido. Ele informou que

> havia também uma cela que era conhecida como cubículo (...) Eu escutava os índios gritando. Era ali que o índio tomava couro (...) No cubículo havia um pau de arara e também o "cachorro-quente", que era um aparelho que ficava jogando água do teto o tempo inteiro, e o índio ficava 2 dias numa cela molhada.

Os indígenas atribuem responsabilidade maior ao Capitão Pinheiro (Manoel dos Santos Pinheiro), hoje major reformado da PM/MG. O MPF quer sua condenação por danos morais coletivos e a perda dos proventos de aposentadoria. Também são réus na ação judicial a União, a Funai, o Estado de Minas Gerais e a Fundação Rural Mineira (Ruralminas).

Como se não bastasse, o governo ditatorial decidiu, em 1972, retirar o povo Krenak de Resplendor (MG), onde fica suas terras. O objetivo real era ceder à pressão de fazendeiros que queriam a terra. O exílio forçado durou até 1993, quando o Supremo Tribunal Federal determinou a nulidade dos títulos de propriedade dos fazendeiros. Ao voltarem, encontraram sua terra devastada. Iniciaram o processo de recuperá-la, sobretudo próximo ao Rio Doce.

Dano ambiental

No início deste século, novo golpe. A construção da hidrelétrica de Aimorés, no Rio Doce, atingiu a terra indígena. O povo Krenak não foi sequer consultado, como manda a Constituição do Brasil e a Convenção 169 da Organização Internacional do Trabalho (OIT). Uma ação judicial fez os responsáveis (Vale, Cemig e Consórcio Construtor de Aimorés) pagarem indenização ao povo indígena.

Em 2015, nova tragédia. O rompimento da Barragem do Fundão, da Samarco Mineração (leia-se Vale e a anglo-australiana BHP Billiton), em Mariana (MG), impediu o povo Krenak de usar o rio – fonte de alimento. Milhares de peixes morreram em frente à terra indígena. Foram colocadas cercas de arame à margem do rio.

Nos anos de chumbo, estavam confinados pela ditadura. No século XXI, pelo dano ambiental. O lema da Campanha da Fraternidade Ecumênica (CFE) 2016 traduziu bem o desejo do povo Krenak: "Quero ver o direito brotar como fonte e correr a justiça qual riacho que não seca" (Am 5,24).

AGONIA DO VELHO CHICO

Água para todos é um projeto simples: recolhe-se água do telhado para levá-la à cisterna construída ao lado das casas.

As comunidades do pé de serra do Nordeste viveram em 2015 uma das piores secas dos últimos cem anos. Coincidentemente, seria o ano de inauguração do projeto que levaria água para 12 milhões de habitantes do semiárido brasileiro, através da polêmica obra de transposição do Rio São Francisco. A obra atrasou. Ficará pronta em 2017, segundo a mais nova promessa. Mas, ainda que seja concluída, há dúvidas se ela resolverá o problema da seca.

O primeiro motivo está justamente nas pessoas que serão beneficiadas. O Governo fala em garantir o abastecimento de água para 12 milhões de pessoas, em 390 municípios dos estados de Pernambuco, Ceará, Paraíba e Rio Grande do Norte. A população que necessita da água é quase 3 vezes maior, e há suspeita de que a água irá para os grandes do agronegócio.

O segundo motivo está no orçamento. Em 2006, quando se iniciou a obra, ela estava orçada em torno de 4 bilhões de reais. Deve passar de 8 bilhões de reais na sua conclusão. Ainda em 2015, a Polícia Federal deflagrou a Operação Vidas Secas. Prendeu dirigentes de empreiteiras suspeitos de participar de um esquema de desvio de

200 milhões de reais da obra, entre elas a OAS, envolvida no esquema Petrobrás.

Mas talvez o principal motivo esteja na escolha da fonte. O Velho Chico não suportará bombear água de seu leito, que vem sendo cada vez mais escasseada. Para entender melhor o problema, deve-se voltar ao tempo da concepção do projeto, 2004. Naquele ano, a Sociedade Brasileira para o Progresso da Ciência (SBPC) debateu especificamente a transposição do São Francisco. Os cientistas chegaram à conclusão de que o projeto demandava do rio 65 metros cúbicos de água por segundo. Mas o rio só dispunha de 25 metros para atender ao projeto. Ou seja, a água continuará faltando para quem precisa.

Água para todos

O projeto levou à greve de fome o bispo de Barra/BA, Dom Frei Luiz Flávio Cappio. A organização Pax Christi Internacional (Bélgica) lhe concedeu o Prêmio da Paz; e a Fundação Kant (Alemanha), o título de Cidadão do Mundo.

Mas, qual seria a alternativa, então? Ela sempre esteve presente na região e era do conhecimento do governo federal muito antes de decidir pela transposição. Seria a utilização das águas interiores do Nordeste, estimadas em 37 bilhões de metros cúbicos. Esse projeto poderia beneficiar 34 milhões de pessoas, quase 3 vezes mais o número das que a transposição beneficiará.

O Governo lançou o Programa Água para Todos, um projeto simples. Recolhe-se água da chuva do telhado para levá-la à cisterna construída ao lado das casas. Reveste-se a cisterna com placas para evitar a infiltração. Assim, cada cisterna guarda 16 mil litros de água, o suficiente para uma família passar a estiagem bebendo água e cozinhando.

O Velho Chico não suportará bombear água de seu leito, que vem sendo cada vez mais escasseada.

É o projeto que vinha sendo realizado pela Cáritas, dentro de uma rede de mais de 3 mil organizações da sociedade civil, chamada de Articulação Semiárido Brasileiro (ASA). Essa rede defende, propaga e põe em prática, inclusive através de políticas públicas, o projeto político de convivência com o semiárido.

A experiência foi tão exitosa que a ASA lançou o Programa Uma Terra, Duas Águas (P1+2) para a construção de cisternas calçadão, com o objetivo de irrigar plantações.

RESPEITO AOS DIFERENTES

A Constituição do Brasil de 1988 reconheceu o país como pluriétnico, o que significa respeito às diferentes culturas.

Machado de Assis é um dos maiores escritores brasileiro de todos os tempos. Em um de seus famosos contos, *O Alienista*, ele narra a rebelião causada pela chegada de um médico a uma pequena cidade do interior do Rio de Janeiro, no século XIX. O médico se proclamou o que seria hoje um psiquiatra. Estabeleceu um padrão de comportamento da sociedade. Os que não se enquadrassem nesse padrão necessitariam de internação no manicômio que ele mesmo construíra e dirigia. Como resultado, quatro quintos dos habitantes do povoado foram internados. Ao fim, os "pacientes" foram libertados; e o médico internou a si mesmo.

Muitas conclusões podem ser retiradas da obra. Uma delas é o risco de se estabelecer uma forma comportamental ou ideológica tida como "padrão". O feito é impossível diante de sociedades tão plurais como a brasileira.

Do ponto de vista jurídico, no Brasil, essa tentativa de padronizar o comportamento de grupos sociais diferentes é inconstitucional. A Constituição de 1988 reconheceu o país como *pluriétnico*, o que significa respeito às diferentes culturas. "O Estado protegerá as

Padronizar o comportamento de grupos sociais diferentes é inconstitucional.

manifestações das culturas populares, indígenas e afro-brasileiras, e das de outros grupos participantes do processo civilizatório nacional" (artigo 215, § 1º).

Assim, o respeito aos culturalmente diferentes possui repercussão jurídica imediata. Uma delas é a de livrar o país de uma *cultura-padrão*, tal como estabelecia o Estatuto do Índio (Lei n. 6.001/73), em seu artigo primeiro, que não vigora desde 1988. "Esta Lei regula a situação jurídica dos índios ou silvícolas e das comunidades indígenas, com o propósito de preservar a sua cultura e integrá-los, progressiva e harmoniosamente, à comunhão nacional."

Essa *integração progressiva e harmoniosa à comunhão nacional* é a negação cultural da comunidade indígena, o que deve ser interpretado como a negação da própria comunidade. Portanto, o final do artigo se choca com sua primeira parte, que possui o propósito de "preservar a cultura". A *integração* anula a *preservação*.

Não se trata de um dispositivo legal isolado. Ele faz parte de uma doutrina que vigorou no Brasil até 1988, a *Doutrina do integracionismo ou assimilacionismo*. E não era especialidade brasileira. Provinha de uma corrente internacional, cujo documento mais importante era a Convenção 107 da Organização Internacional do Trabalho (OIT), de 5 de junho de 1957. Portanto, comportamento diferente seria considerado comportamento impróprio, o qual deveria ser suprimido com vistas à *integração* dos indivíduos a uma única civilização possível, a europeia.

A autonomia dos povos

Contra essa corrente, desenvolveu-se a *Doutrina da autodeterminação ou pluralista*, prevista no artigo 231, *caput*, da Constituição: "São reconhecidos aos índios sua organização social, costumes, línguas, crenças e tradições, e os direitos originários sobre as terras que tradicionalmente ocupam, competindo à União demarcá-las, proteger e fazer respeitar todos os seus bens".

Essa ruptura não se dava apenas no âmbito interno. A pressão internacional fez com que a OIT, já naquele tempo, trabalhasse na revisão da Convenção 107 por quase uma década. E, em 7 de junho de 1989, o Conselho Administrativo da OIT aprovou a Convenção 169, sobre povos indígenas e tribais.

Mas não apenas isso. Outra justificativa explícita era que o modo de vida e o desenvolvimento econômico passavam ao controle dos próprios povos e comunidades, e não mais ao bel-prazer do Estado. "Reconhecendo as aspirações desses povos a assumir o controle de suas próprias instituições e formas de vida e seu desenvolvimento econômico, e manter e fortalecer suas identidades, línguas e religiões, dentro do âmbito dos Estados onde moram."

A mudança era tão radical que não cabia na proposta inicial de emendar a Convenção 107. A proposta, então, passou a ser: "Tomar a forma de uma Convenção Internacional que revise a Convenção sobre Populações Indígenas e Tribais, 1957 (...)". Assim, foi adotada a Convenção 169 da OIT sobre os povos indígenas e tribais, que é lei no Brasil.

RECADO OUVIDO

"A nação Munduruku é uma só, habitando toda a extensão do grande Rio Tapajós, pai e mãe que nos transporta, refresca nosso corpo e nos dá alimento."

Todos os anos, os indígenas Munduruku que habitam a bacia do Rio Tapajós, no Pará, realizam sua grande assembleia geral. Se for possível fazer uma comparação, pode-se dizer que seu modo próprio de organização é mais avançado do que as assembleias gregas da antiguidade (eclésias), por um motivo peculiar: na Grécia Antiga nem todos eram livres e as mulheres não participavam. Na assembleia Munduruku, todos possuem vez e voz. Assembleias menores são realizadas nas aldeias. Depois, em grupos de aldeias, até chegar à assembleia geral.

Em 2016, a assembleia geral foi realizada em abril, na aldeia Katô, município de Jacareacanga (PA). O tema que a dominou foi o mesmo dos últimos anos: a grande barragem. Trata-se do plano do governo federal de construir a Usina Hidrelétrica de São Luiz do Tapajós, uma das maiores do mundo. Nesse ano, o povo Munduruku já estava de posse do Estudo de Impacto Ambiental (EIA). Portanto, tinha conhecimento dos impactos que o esperavam. E não eram poucos. O projeto ameaça suas atividades tradicionais, como pesca, caça e transporte fluvial.

O povo Munduruku se une contra a destruição do Rio Tapajós e a invasão de seus territórios.

Porém, um dos impactos previstos foi decisivo. A barragem vai alagar a terra indígena Sawré Maybu, local onde o primeiro Munduruku atravessou o rio e iniciou o povo (Daje Kapap' Eipi). Mais uma vez, tentando comparar com a nossa civilização, seria um santuário sagrado.

No documento final da assembleia, os indígenas passaram um duro recado:

> Afirmamos que a nação Munduruku é uma só, habitando toda a extensão do grande Rio Tapajós, pai e mãe que nos transporta, refresca nosso corpo e nos dá alimento. Por isso, estamos unidos contra a destruição desse rio e a invasão de nosso território. Não queremos guerra, mas avisamos que não temos medo da polícia dos *pariwat* (homem branco). Nós falamos agora pelo nosso povo, pelas crianças e pelos animais. As estrelas no céu nos contam nossas histórias passadas, nos guiando no presente e indicando o futuro. Esse é o território de Karosakaybu, onde sempre vivemos. Somos a natureza, os peixes, a mãe dos peixes, a mangueira, o açaizeiro, o buritizeiro, a caça, o beija-flor, o macaco e todos os outros seres dos rios e da floresta. Ainda vivemos felizes em nosso território, a correnteza dos rios nos leva para todos os lugares que queremos, nossas crianças podem nadar quando o sol está muito quente, os peixes podem brincar e ainda se multiplicam com fartura, mas fomos obrigados a aprender duas novas palavras da língua dos *pariwat*, palavras que nem existem na nossa língua: preocupação e barragem... Queremos que o Governo brasileiro respeite a nossa cultura, nossa cosmovisão e nossos lugares sagrados, e que não repita o que fez com a Cachoeira de Sete Quedas, no Rio Teles Pires, considerada por nós como o berço do mundo do povo Munduruku, a qual foi destruída com a construção da Usina Hidrelétrica de Teles Pires. Nossos sábios e nossos conhecimentos nos dizem que não são só os indígenas e *pariwat* vão sofrer com a construção das usinas no Tapajós, mas todos os seres que moram nos rios e na floresta vão sofrer também. O Governo não entende que nós sabemos escutar a mãe dos peixes, os peixes, a cutia, o macaco, a paca, os passarinhos, a onça e todos aqueles que moram nesta região.

No mesmo mês de abril de 2016, o Governo determinou a publicação do Relatório Circunstanciado de Identificação e Demarcação, o que significa, na prática, o reconhecimento da área como terra indígena. E como essa área seria inundada com a construção da barragem, seus habitantes teriam que ser removidos, o que é proibido pela Constituição do Brasil (artigo 231, § 5º). Ou seja, para os defensores da barragem, surgiu um óbice intransponível. O recado foi ouvido.

PEC 65 NÃO

> O que precisamos, na verdade, não é da flexibilização dos licenciamentos ambientais, mas sim do fortalecimento dos órgãos ambientais e de controle do Governo, deixando-os imunes a interferências políticas.

Tudo foi feito na surdina. Enquanto o país inteiro acompanhava o processo de *impeachment* da presidente Dilma Rousseff, a Comissão de Constituição, Justiça e Cidadania (CCJ) do Senado aprovou um dos mais polêmicos projetos em tramitação no Congresso Nacional. Trata-se da Proposta de Emenda à Constituição (PEC) n. 65/2012, de autoria do senador Acir Gurgacz (PDT/RO), e relatada pelo então senador Blairo Maggi (PR/MT), atual ministro da Agricultura do governo Temer.

Essa PEC, em termos práticos, elimina o licenciamento ambiental no Brasil. Isso porque é no processo de licenciamento que é analisada a viabilidade ambiental da obra, bem como são impostas as condicionantes que tentam minimizar ou compensar os impactos socioambientais. Mas, pela PEC 65, a partir da entrega do Estudo de Impacto Ambiental (EIA) pelo construtor, a obra tem sinal verde para ir adiante, não importando se o estudo apresentado está incompleto ou se o empreendedor não cumpriu as condicionantes impostas pelo órgão ambiental. Na prática, se o estudo entregue pelo construtor silenciar sobre os impactos negativos em comunidades indígenas, quilombolas ou ribeirinhas, mesmo assim a obra pode ser tocada em frente, sem problema.

O absurdo da proposta chamou a atenção dos povos da floresta e militantes da causa ambiental. Iniciou-se uma forte mobilização social. O Ministério Público Federal promoveu a campanha #PEC65Não nas redes sociais. No seu lançamento, em 16 de maio de 2016, foi o segundo assunto mais comentado do Twitter, no Brasil, e o sexto, no mundo.

O senador Randolfe Rodrigues (Rede-AP), alertado sobre o problema, tentou anular a votação. Mostrou que a PEC 65 entrava em conflito com outra proposta em tramitação no Senado. Os senadores voltaram atrás. Mas o perigo continua. Explico.

Doações legais

Ainda tramitam no Congresso pelo menos 3 Projetos de Lei (PLs) que prejudicam o licenciamento ambiental. São eles: 1) o PL 3.729, que limita a exigência de estudos de impacto ambiental segundo a natureza da obra; 2) o PL 654, que elimina etapas do processo de licenciamento para obras estratégicas, criando o *fast track*,

Povos indígenas em manifestação contra a PEC 65 que vai contra o que assegura a Constituição Federal, de que todos têm direito ao meio ambiente ecologicamente equilibrado.

licenciamento ambiental rápido e; 3) o PL 1.546, que, embora tente estabelecer uma espécie de lei geral do licenciamento, enfraquece a imposição de regras ao construtor e elimina o consentimento prévio dos povos indígenas afetados.

Se esses projetos se tornarem lei na forma como estão, eles contribuirão para o aumento da corrupção. Um dos exemplos mais evidentes é a simbólica hidrelétrica de Belo Monte, no Pará, a obra de infraestrutura mais cara do país. Seu processo de licenciamento ambiental resultou até agora em 24 ações judiciais promovidas pelo Ministério Público Federal.

A contribuição premiada de Otávio Marques de Azevedo, ex-presidente da Andrade Gutierrez, na operação Lava Jato, revelou que foram destinados 150 milhões de reais de propina, divididos em partes iguais entre 2 dos maiores partidos políticos. Os recursos entraram como doações legais às campanhas eleitorais de 2010, 2012 e 2014. Esse fato demonstra que, mesmo diante do processo de licenciamento ambiental mais monitorado do país, havia a certeza de que as licenças ambientais seriam emitidas, apesar dos terríveis impactos.

O que precisamos, na verdade, não é da flexibilização do licenciamento, mas sim do fortalecimento dos órgãos ambientais e de controle do Governo, deixando-os imunes a interferências políticas.

O TRATADO E O MASSACRE

O Estado do Mato Grosso do Sul continua sendo o mais violento contra os povos indígenas no país.

Ao mesmo tempo que os povos indígenas das 3 Américas celebravam a aprovação de sua Declaração de Direitos, pela Organização dos Estados Americanos (OEA), ocorria um massacre contra o povo indígena Guarani Kaiowá, da terra indígena Dourados Amambaipeguá, município de Caarapó, no Mato Grosso do Sul.

Tudo começou no domingo do dia 12 de junho de 2016. A comunidade indígena de Tey Kuê, não suportando a espera de décadas pelo Governo, reocupou parte de sua área, conhecida como Fazenda Yvu. Os fazendeiros procuraram a polícia com a informação falsa de que os indígenas mantinham reféns em seu poder. O objetivo era expulsar os indígenas sem ordem judicial. O plano não deu certo.

Os fazendeiros juntaram, então, de 30 a 40 pessoas, em cerca de 20 caminhonetes e seguiram para o local. No caminho, ainda encontraram policiais. Demonstraram indignação pela não retirada dos indígenas à força. E continuaram estrada adentro.

Já era terça-feira do dia 14, quando o comboio se dividiu e encurralou os indígenas. As pessoas desceram dos carros. Alguns homens estavam encapuzados e com armas em punho. E atiraram. Os pron-

Indígena do povo Guarani Kaiowá do Mato Grosso do Sul, um dos estados mais violentos contra os povos indígenas.

tuários médicos mostraram o que aconteceu aos indígenas: Libércio Daniel foi alvejado por 4 disparos de arma de fogo (tórax, flanco direito, membro superior direito e couro cabeludo); Jesus de Souza foi vítima de múltiplas perfurações de intestino delgado, de intestino grosso, lesão traumática do baço, lesão de fígado; Josiel Benites, de 12 anos de idade, foi atingido no hipocôndrio esquerdo, com lesões graves no intestino grosso, transfixação gástrica pelo projétil e transfixação do rim esquerdo; Valdílio Garcia foi vítima de ferimento penetrante por projétil de arma de fogo no hemitórax esquerdo, provocando ferimento pulmonar e hemorragia intratorácica do lado esquerdo; o líder Norivaldo Mendes foi atingido por projétil de arma de fogo no hemitórax direito; a professora Catalina Rodrigues foi atingida no braço direito; Norivaldo Marques foi atingido por munição menos letal (bala de borracha). O mais grave ainda estava por vir.

O agente de saúde indígena Cloudione Aquileu Rodrigues de Souza, ao ouvir tiros e gritos, correu no sentido da aldeia para prestar auxílio às vítimas. Antes de chegar, foi alvejado por 2 disparos de arma de fogo – um no abdome e outro no peito. O agente tombou defronte à porteira da Fazenda Yvu, vindo a óbito. O laudo necroscópico apontou "choque hipovolêmico, por ferimentos de arma de fogo". A indígena Braulina viu a cena. Gritou para os assassinos: "Parem de atirar! Vocês já mataram um aqui". Um deles retrucou: "Eu vou atirar, vou matar mais de vocês, esses bugres, vagabundos. Vão ficar no chiqueiro, seus porcos!". Esse episódio, que foi batizado como Massacre de Caarapó, resultou na morte de Cloudione e de pelo menos outros 5 indígenas feridos, sendo uma criança.

Direito à vida

O Conselho Indigenista Missionário (Cimi), no Relatório Violência Contra os Povos Indígenas no Brasil, do ano de 2015, informava que

> o Estado do Mato Grosso do Sul continua sendo o mais violento contra os povos indígenas no país. Se todas as terras tradicionais reivindicadas fossem demarcadas, elas ocupariam apenas 2% da área do estado, que tem a segunda maior população indígena do Brasil.

E mostrou que o estado liderou o assassinato de indígenas, com 41 pessoas mortas, ou 29% dos casos. Destes, 68% das vítimas eram do sexo masculino e 32% do sexo feminino. "A faixa etária com maior incidência de vítimas foi a de 20 a 29 anos (32%). Também preocupa o registro de assassinatos na faixa etária de 10 a 14 anos (12% dos casos). Dourados foi o município com o maior número de casos (40%), seguido de Amambai (34%)."

O Brasil não teve tempo nem estômago para celebrar a aprovação de uma Declaração de Direitos que levou mais de 20 anos para ser escrita, negociada e aprovada entre todos os países das Américas. O Massacre de Caarapó demonstra que não será fácil tirar do papel direitos fundamentais, como, por exemplo, o direito de o indígena não ser discriminado por ser indígena, o direito à terra e o direito à vida.

AMEAÇA AO BERÇO DAS ÁGUAS

"Quero que meus netos, meus bisnetos, vejam também como é o jeito do pé de pequi, que experimentem o sabor dele, o sabor dos frutos desta terra, como eu conheci" (Gercília Krahô).

O título acima nos remeteria imediatamente à Amazônia. Falou em água, pensa-se no maior reservatório de água doce do planeta. Mas o que nem todo mundo sabe é que o *berço das águas* está em outra região. Fica no cerrado brasileiro. Esse bioma é a nascente das 3 maiores bacias hidrográficas do país: Araguaia/Tocantins (Amazônia), São Francisco e Prata. É como se fosse uma enorme caixa d'água. Isso significa que a destruição do cerrado afeta fortemente o volume de água nessas 3 bacias. Estima-se que 50% da região já foi desmatada, em sua grande maioria para atividades do agronegócio, como soja e pecuária.

A informação apresentada seria suficiente para que houvesse um plano governamental de preservação e regeneração do cerrado. Mas o que se deu foi exatamente o contrário. Ainda no governo Dilma, a então ministra da Agricultura, Pecuária e Abastecimento, senadora Kátia Abreu, criou um Plano de Desenvolvimento Agropecuário (PDA), batizado de *Matopiba* – palavra formada pela primeira sílaba dos estados do Mato Grosso, Tocantins, Piauí e Bahia.

Esse plano não é voltado para as populações tradicionais do cerrado. O decreto presidencial que o criou deixa explícito que uma de suas diretrizes é a "ampliação e *fortalecimento da classe média no setor rural*, por meio da implementação de instrumentos de mobilidade social que promovam a melhoria da renda, do emprego e da qualificação profissional de *produtores rurais*".

É um plano ambicioso. Ele atinge 73 milhões de hectares, o que corresponde a 8,5% do território nacional. Nessa área estão 36 terras indígenas, 46 unidades de conservação, 768 assentamentos de reforma agrária, além de dezenas de territórios quilombolas não reconhecidos ainda pelo Estado brasileiro.

O berço das águas está no bioma cerrado, no qual está a nascente das três maiores bacias hidrográficas do Brasil: Araguaia/Tocantins (Amazônia), São Francisco e Prata

Nas rodovias do Tocantins, já é possível encontrar anúncios em *outdoors* sobre o *Matopiba* para chamarem a atenção dos investidores, e propaganda de empresas que fazem o desmatamento com o chamado *correntão*: são dois tratores, um de cada lado, que carregam uma corrente tão forte, que, ao passar, destrói todas as árvores do caminho.

Paradoxo

Uma das maiores lideranças da região é Gercília Krahô, mãe de 10 filhos e 25 netos. Em entrevista ao jornal *Porantim*, do Conselho Indigenista Missionário (Cimi), a líder do povo Krahô informa que a terra indígena está cercada pelo agronegócio. O Rio Vermelho, que abastecia as aldeias, está poluído e secando.

> Chovia sempre na data certa… Mas, hoje, até os *cupê* (não indígenas, na língua *jê*) estão doidos. Eles pensam que vão plantar roça na data de antes, mas *tá* tudo lascado. Muita gente perdeu neste ano. *Tô* percebendo que no ano retrasado não foi como no ano passado, e que *tá* diferente neste ano. Dá pra perceber nos rios, nas árvores, no modo do capim… O *cupê* destrói a natureza não é porque quer ver as coisas de outro jeito. Destrói porque quer ver o dinheiro. A vida do *cupê* é o dinheiro. No meu pensamento de *mehim* (indígena ou gente), eu quero ver este pé de pequi vivo. E quero que meus netos, meus bisnetos, vejam também como é o jeito do pé de pequi, que experimentem o sabor dele, o sabor dos frutos desta terra, como eu conheci.

O maior paradoxo é que, enquanto o Governo planeja entregar 185 bilhões de reais ao agronegócio (Plano Safra) e apenas 30 bilhões de reais à agricultura familiar – que produz mais de 70% da comida da população e gera 77% dos empregos do setor agrícola –, em 2017 tivemos que importar feijão.

O QUILOMBO DO *SEU* LALOR

Deve haver pelo menos 3 mil líderes em luta parecida com a de *Seu* Lalor em todo o Brasil. E muito perto de nós.

A região da Ilha do Marajó, no Pará, foi a porta de entrada de negros vindos da África. Os primeiros relatos históricos sobre a existência de escravatura em terras marajoaras remontam ao período colonial. A entrada de escravos ocorreu com regularidade no fim do século XVIII. Estudos demonstram que o negro foi introduzido primeiramente na lavoura e, em seguida, nos engenhos, nas fábricas de madeira, nos estaleiros e nas oficinas. Foram também encaminhados para fazendas do Marajó, estabelecendo-se ao lado do índio para o trabalho com o gado. Alguns desses grupos, sob o consentimento negociado ou à revelia dos dominadores, formaram as comunidades de fugitivos, os chamados *mocambos* ou *quilombos*, e assim constituíram famílias e organizaram modos de vida próprios.

Foi nessa região que um líder nasceu em meados do século passado. Chamava-se Teodoro Lalor, ou *Seu* Lalor. Liderava mais de 150 famílias que lutavam para o reconhecimento de seu território às margens dos rios Arari e Gurupá. Já estava jurado de morte. Fazendeiros da região se diziam donos da área.

Nos mocambos ou quilombos, as pessoas fugitivas da escravidão constituíram famílias e organizaram modos de vida próprios.

Ele nasceu às margens do Rio Gurupá. Era o mais novo filho de uma família de 6 irmãos. Viviam plantando e colhendo açaí às margens dos rios e igarapés. Por muitas vezes, os frutos que colhiam eram retirados deles sob ameaça. A cada nova ameaça ou ataque, uma família se mudava para outra área ou desistia da luta. *Seu* Lalor ficou. Resistiu às prisões arbitrárias, incêndios criminosos de casas e roças, matança de animais, invasões propositais de búfalos sobre a roça, abusos de autoridade...

Todo mês de outubro, *Seu* Lalor participava do Círio Fluvial, procissão de embarcações que leva a imagem de Nossa Senhora de Nazaré pelos rios até o centro de Belém (PA). Dizia que era o momento de renovação da fé e da resistência.

Ele foi preso inúmeras vezes de forma ilegal, bem como era obrigado a atender a diversas ocorrências policiais, sob as mais variadas acusações, que vão desde a suposta prática de crime ambiental até o suposto porte ilegal de armas, pela utilização de apetrechos voltados à caça para subsistência. Tudo porque resistiu a entregar o lugar onde nasceu e viveu.

Seu Lalor foi bater às portas do Ministério Público Federal para pedir justiça, em 2008. Imediatamente, ocorreu uma audiência pública no local do conflito. A audiência foi um marco. Autoridades do Judiciário, do Ministério Público e da Polícia se fizeram presentes. Viram como a comunidade vivia e se organizava. Sentiram a dor dos injustiçados e souberam que precisavam agir. Também tomaram consciência da dificuldade que teriam.

No verão daquele ano, uma ação civil pública estava pronta. *Ela tinha por finalidade a obtenção de ordem judicial no sentido de garantir a posse das terras tradicionalmente ocupadas pela comunidade de quilombolas do município de Cachoeira do Arari, Rio Gurupá e Ilha do Marajó.* A ação demonstrava que parte do território reivindicado seria terra pública, apesar de haver título de terra particular sobre a mesma área, o que é conhecido na Amazônia como *grilagem de terra*.

Mesma luta

Em 2016, o Governo brasileiro reconheceu a área como *Território Quilombola de Gurupá*, município de Cachoeira do Arari/PA, pelo Decreto da Presidente da República de 1º de abril de 2016.

Pena que *Seu* Lalor não viu esse dia chegar. Ele foi assassinado em 2014 ao chegar à capital do estado para mais uma rodada de reuniões no Instituto Nacional de Colonização e Reforma Agrária (Incra). A polícia declarou o crime como passional, o que nunca foi aceito pela comunidade.

Estima-se que mais de 3 mil comunidades quilombolas lutam pelo direito ao reconhecimento por governos estaduais e federal. Nem 300 foram tituladas ainda, apesar de a Constituição afirmar que "aos remanescentes das comunidades dos quilombos que estejam ocupando suas terras é reconhecida a propriedade definitiva, devendo o Estado emitir-lhes os títulos respectivos" (artigo 68, do Ato de Disposições Constitucionais Transitórias, ADCT).

Isso indica que deve haver pelo menos 3 mil líderes em luta parecida com a de *Seu* Lalor em todo o Brasil. E muito perto de nós.

A MEDICINA YANOMAMI

"Os brancos pensam que a floresta foi posta sobre o solo sem qualquer razão de ser, como se estivesse morta. Isso não é verdade (Davi Kopenawa)."

O povo indígena Yanomami sempre despertou uma incrível curiosidade por parte dos não indígenas. A localização geográfica de seu território, na divisa do Brasil com a Venezuela (estados do Amazonas e Roraima), permitiu o isolamento até a década de 1960. A partir daí, muitos cientistas buscaram entender uma cosmovisão que não conheciam e, principalmente, a medicina milenar utilizada por esse povo.

A curiosidade foi tanta que cientistas norte-americanos coletaram o sangue dos indígenas e o levaram para os Estados Unidos. No ano de 2015, o Ministério Público Federal conseguiu repatriar mais de 3 mil frascos de sangue, os quais foram sepultados no território indígena. Para os Yanomami, o espírito não descansa em paz enquanto o corpo todo não for devolvido à terra.

No segundo semestre de 2016, uma parte da medicina tradicional Yanomami foi revelada ao mundo. O Google, gigante da internet, abriu a exposição *on-line* "Manual dos Remédios Tradicionais Yanomami", com a curadoria do Instituto Socioambiental (ISA). Em 2015, já havia sido editado um livro sobre o tema, resultado de um longo trabalho de jovens pesquisadores indígenas e inspirado na pesquisa do antropólogo Bruce Albert e do botânico William Milliken.

A exposição permite o conhecimento de remédios para inflamações, coceiras, infecções, epidemias, febre e até gripe. Tudo através de fotos, vídeos, desenhos, depoimentos em áudio e textos. Mostra também que os remédios são prescritos pelos xamãs, que são médicos e sacerdotes ao mesmo tempo, e manipulados pelas mulheres mais idosas.

A floresta fala

Os remédios catalogados são retirados da floresta, que é fonte de vida, como ensina o líder e xamã Davi Kopenawa:

> Os *brancos* pensam que a floresta foi posta sobre o solo sem qualquer razão de ser, como se estivesse morta. Isso não é verdade. Ela só é silenciosa porque os espíritos *xapiripë* detêm os entes maléficos e a raiva dos seres da tempestade. Se a floresta fosse morta, as árvores não teriam folhas brilhantes, nem tampouco se veria água na terra. Nossa floresta é viva, e se os *brancos* nos fizerem desaparecer para desmatá-la e morar em nosso lugar, ficarão pobres e acabarão sofrendo de fome e sede.

Diálogo entre medicinais

O mesmo líder indígena já explicara em outra entrevista ao ISA o perigo que a invasão de garimpeiros traz para sua terra:

> Quando o ouro fica no frio das profundezas da terra, aí tudo está bem. Tudo está realmente bem. Ele não é perigoso. Quando os *brancos* tiram o ouro da terra, eles o queimam, mexem com ele em cima do fogo, como se fosse farinha. Isto faz sair fumaça dele. Assim se cria a *xawara*, que é esta fumaça do ouro. Depois, essa *xawara wakëxi*, essa *epidemia-fumaça*, vai se alastrando na floresta, lá onde moram os

Yanomami, mas também na terra dos *brancos*, em todo lugar. É por isso que estamos morrendo. Por causa dessa fumaça... Ela se torna agressiva e, quando isso acontece, acaba com os Yanomami.

O alerta foi feito por quem conseguiu sobreviver.

O desafio hoje é fazer com que a medicina milenar utilizada pelas 22 mil pessoas que constituem o povo Yanomami possa dialogar com a medicina dos *brancos*. Para começar, é necessário, antes de tudo, respeito para com um conhecimento que não temos.

A floresta é fonte de vida, não apenas para os povos da floresta, mas para todos.

POVOS VULNERABILIZADOS

Os povos indígenas brasileiros estão mais vulneráveis hoje do que em qualquer outro tempo, desde a promulgação da Constituição em 1988.

Não há data certa, mas, quase que de 10 em 10 anos, o relator especial da Organização das Nações Unidas (ONU) sobre Direitos dos Povos Indígenas desembarca no Brasil para fazer um diagnóstico e atestar o cumprimento das recomendações realizadas na última visita. É algo de praxe entre os países que compõem o Conselho de Direitos Humanos da ONU, quando há denúncias de violação de direitos.

No primeiro semestre de 2016, Victoria Tauli-Corpuz, a atual relatora da ONU, visitou o Brasil e esteve na região Amazônica. No segundo semestre, ela apresentou seu relatório durante a 33ª reunião do Conselho de Direitos Humanos da ONU. O resultado foi estarrecedor. O documento, de 24 páginas, conclui que os povos indígenas brasileiros estão mais vulneráveis hoje do que em qualquer outro tempo, desde a promulgação da Constituição em 1988.

A relatora visitou os estados de Mato Grosso do Sul, Bahia e Pará. Não foi por acaso. Esses estados concentram conflitos de alta proporção e forte violação de direitos indígenas. Mato Grosso do Sul é o campeão nacional em assassinatos de indígenas. A Bahia não conseguiu até hoje demarcar as terras dos indígenas na região em que Cabral aportou.

Os povos indígenas repetidamente enfatizam que, devido à ausência de proteção eficaz do Estado, são forçados a retomar suas terras para garantir a sobrevivência.

No Pará, as hidrelétricas de Belo Monte, Teles Pires e São Manoel ameaçam a sobrevivência dos povos indígenas atingidos.

O relatório informa que

uma questão de preocupação premente diz respeito à quantidade de ataques documentados e relatados contra povos indígenas. De acordo com o Conselho Indigenista Missionário (Cimi), 92 pessoas indígenas foram assassinadas em 2007; em 2014, esse número havia aumentado para 138, tendo o Estado de Mato Grosso do Sul o maior número de mortes. Com frequência, os ataques e assassinatos constituem represálias em contextos de reocupação de terras ancestrais pelos povos indígenas, depois de longos atrasos nos processos de demarcação.

Aliás, sobre esse tema, o relatório mostra que a maior demanda é a

urgente necessidade de concluir os processos de demarcação de terras, fundamental para todos os seus outros direitos. Povos indígenas do país inteiro repetidamente enfatizaram que, devido à ausência prolongada de uma proteção eficaz do Estado, eles se veem forçados a retomar suas terras para garantir a sobrevivência. Muitos até declararam que, caso recebam ordens de despejo ou reintegração de posse, não deixarão suas terras e, se necessário, morrerão por isso.

A relatora aponta várias causas para essa demora na demarcação, como, por exemplo:

> a) o enfraquecimento e redução de pessoal da Fundação Nacional do Índio (Funai); b) a falta de vontade política para concluir procedimentos de demarcação no nível ministerial e presidencial; c) pouco entendimento e apreço pelo modo de vida diferenciado dos povos indígenas e falta de treinamento em direitos humanos para autoridades do Executivo; d) um constante ciclo de atrasos administrativos e a judicialização de quase todos os processos de demarcação por interesses escusos, acompanhado de demoras da Suprema Corte em proferir decisões finais nos casos...

Constituição de 1988

O relatório é corajoso. Toca na ferida da sociedade brasileira ao se reportar ao racismo contra povos indígenas, mas faz também elogio à legislação brasileira, a começar pela própria Constituição:

> A progressista Constituição de 1988 contém algumas disposições exemplares para a proteção e promoção dos direitos dos povos indígenas. A diversidade cultural do país é reconhecida (...) Entretanto, nos 8 anos que se seguiram à visita de meu predecessor, tem havido uma inquietante ausência de avanços para a implementação de suas recomendações e na solução de antigas questões de vital importância para os povos indígenas. No atual contexto político, as ameaças que os povos indígenas enfrentam podem ser exacerbadas e a proteção de longa data de seus direitos pode estar em risco.

O alerta foi dado. Pelo caminho político que o país está trilhando, corre-se o risco de não ficarem de pé nem mesmo os direitos indígenas consagrados a muito custo na Constituição. Não é preciso ser adivinho para notar que os próximos anos serão marcados por mais enfrentamento entre os povos indígenas e o Governo.

Os povos indígenas brasileiros estão mais vulneráveis hoje do que em qualquer outro tempo.

MASCOTE INDÍGENA

Pouca gente sabe, mas a região oeste de Santa Catarina é habitada pela etnia Kaingang, assim como os demais estados do Sul, desde tempos imemoriais.

A tragédia com o avião que levava a equipe de futebol do Chapecoense para a final da Copa Sul-Americana, em Medellín, na Colômbia, em 29 de novembro de 2016, abateu uma nação inteira, revelou um sentimento de solidariedade mundial, despertou para valores que pareciam estar esquecidos e deu a conhecer que sua mascote é um indígena. Pouca gente sabe, mas a região oeste de Santa Catarina é habitada pela etnia Kaingang, assim como os demais estados do Sul, desde tempos imemoriais. O orgulho de seu mascote é a demonstração de que vale a pena a luta contra o preconceito e a discriminação aos indígenas. Isso porque nem sempre foi assim.

A luta pela demarcação da terra indígena Toldo Chimbangue gerava conflitos entre fazendeiros e indígenas, em Chapecó. A terra tinha sido demarcada pela metade em 1985. A falta da outra metade era o estopim dos conflitos. Em 2002, um jornal local divulgou uma reportagem e uma charge extremamente discriminatórias contra os indígenas. A charge apresentava um não indígena com um machado na mão em posição de ataque a um indígena, com a seguinte legenda:

Povo Kaingang em manifestação. Habita o Sul do Brasil desde tempos imemoriais.

"Já que índio quer terra, *vô dá* sete palmos de terra pro índio". O indígena estava retratado em fuga e deixava cair um celular.

Floresta protegida, rio limpo

A charge revelava preconceito extremo. É a visão colonialista que não entende o significado de terra para os indígenas, que nada tem a ver com nossa visão. Aliás, para entender essa relação indígena-terra, é necessário apagar a visão de *desenvolvimento* que nos foi dada desde o berço. Como dizia o sábio cacique-geral do povo Munduruku, Arnaldo Kabá (seu nome na carteira de identidade nacional), "desenvolvimento é floresta protegida e rio limpo. Com isso, posso criar meus filhos, meus netos...".

O uso do celular, por outro lado, serviria para provar que o indígena não era indígena. É como, em grossa comparação, um brasileiro que falasse inglês e usasse calça *jeans* não fosse mais considerado brasileiro. Esse pensamento parte de pressuposto errado. Ele vê a cultura como algo estático, parado no tempo. Exige-se que o indígena viva do mesmo modo que vivia quando da chegada de Cabral.

O caso foi parar na Justiça. O Ministério Público Federal (MPF) entrou com uma ação civil pública cobrando danos morais coletivos do veículo de comunicação. Na ação está dito que "o direito do indivíduo dizer o que pensa não o exime de ser responsabilizado pelas ofensas irrogadas a outrem de forma desarrazoada". Em 2016, o processo chegou ao final. A empresa foi condenada a pagar 850 mil reais. E, no meio do caminho, em 2006, a demarcação do território Kaingang foi concluída.

A empresa disse que não tinha o dinheiro. Sentaram com os indígenas e fizeram um acordo. O jornal cede espaços quinzenais para publicar notícias sobre o povo Kaingang, por 5 anos, além de pagar aos indígenas cursos de graduação e pós-graduação em Agronomia, Educação, Enfermagem e Direito.

A região, marcada pelo preconceito contra os indígenas, tem, em dois exemplos da Chape, símbolos de esperança na convivência pacífica entre culturas diferentes: o mascote indígena e o nome do estádio, Arena Condá – homenagem ao líder dos Kaingang do século XIX.

TIJUCO ALTO

> A destruição do material genético não é apenas um crime contra nossa geração, mas contra as futuras gerações que seriam privadas de ter acesso a esse potencial genético.

O mínimo que se pode dizer do Vale do Ribeira é que se trata de uma região exuberante e linda. E não é para menos. Ele está localizado no sul do Estado de São Paulo e leste do Paraná, totalizando 31 municípios. Seu nome se deve ao Rio Ribeira de Iguape, o principal da bacia hidrográfica. A população, formada por indígenas, quilombolas, caiçaras e imigrantes, está beirando a 500 mil habitantes, os quais preservam o equivalente a 21% do que sobrou da Mata Atlântica. Por tabela, a região ainda abriga 150 mil hectares de restinga, 17 mil de manguezais e um dos mais importantes patrimônios espeleológicos (relativos a grutas e cavernas) do Brasil.

Com tanta diversidade biológica e social, os governos, ao longo de décadas, instituíram 43 unidades de conservação. Em 1999, a Organização das Nações Unidas (ONU) declarou parte da região Patrimônio Natural da Humanidade.

O problema era que, diante desses atributos de santuário ecológico, a Companhia Brasileira de Alumínio (CBA) insistia em construir nessa região a hidrelétrica de Tijuco Alto. Digo *insistia* porque, ao fim de 2016, em mais um gesto de sanidade, o Instituto Brasileiro do Meio Ambiente e dos Recursos Naturais Renováveis (Ibama) determinou o arquivamento do processo de licenciamento ambiental por ser "inviável ambientalmente".

Preservação ambiental

Essa inviabilidade está baseada em alguns fatos importantes. O primeiro deles é que o Estudo de Impacto Ambiental (EIA) tinha mais de 10 anos. Seus dados não correspondiam à realidade. Depois, a inundação seria de 5 mil hectares para apenas 75 megawatts de energia. É pouca energia para muita inundação.

E tem mais. A área inundada está classificada no mapa da biodiversidade brasileira como de "prioridade extremamente alta". Trata-se da classificação que indica a existência de espécies não conhecidas pela ciência e outras que, embora conhecidas, são encontradas apenas nessa região. Tudo seria perdido. E, talvez, ali estejam princípios ativos para tratamento de doenças ainda hoje consideradas incuráveis. A destruição do material genético não é apenas um crime contra nossa geração, mas contra as futuras gerações que seriam privadas de ter acesso a esse potencial genético.

Por tudo isso, a diretora de Licenciamento do Ibama, Rose Hofmann, concluiu que "a ponderação dos efeitos benéficos e adversos do empreendimento mostra evidente desequilíbrio na distribuição de ônus e benefícios, em virtude da perspectiva de alto impacto ambiental, em área inserida integralmente no bioma Mata Atlântica, para a geração ineficiente de energia elétrica...". E não concedeu a licença.

Valeu a pena 28 anos de luta dos povos da floresta contra Tijuco Alto. A região concentra o maior número de comunidades quilombolas de São Paulo, as quais lideraram o processo de resistência contra a barragem. Foram incontáveis reuniões com órgãos públicos, passeatas e até o fechamento da BR-101. Tudo para mostrar o que foi revelado oficialmente: o dano que as hidrelétricas causam são maiores que seus benefícios, sobretudo quando o local escolhido é um verdadeiro santuário da biodiversidade (criação), como a Mata Atlântica.

Cachoeira do Limoeiro, em Tapiraí, no estado de São Paulo, banhada por rios da bacia do Ribeira de Iguape.

O BIOMA AMAZÔNIA E OS INDÍGENAS

Todo o avanço obtido nos anos de 2005 a 2012 começa a entrar em risco; esse retrocesso não foi à toa.

O desmatamento na Amazônia voltou a subir no ano de 2016, em 29%, se comparado com 2015. Esse é o dado oficial do Instituto Nacional de Pesquisas Espaciais (Inpe). Isso significa que, no ano passado, foram desmatados 7.989 quilômetros quadrados. Um ano antes, a área desmatada foi de 6.207 quilômetros quadrados. Para que se tenha uma ideia da gravidade do problema, a área corresponde a 5 vezes o município de São Paulo. O Greenpeace estima que tenham sido liberados na atmosfera 586 milhões de toneladas de *carbono equivalente*. É o mesmo que 8 anos de poluição de todos os automóveis do Brasil.

Todo o avanço obtido nos anos de 2005 a 2012 começa a entrar em risco. Esse retrocesso não foi à toa. Houve sinalização do governo federal de que toleraria esse crime. O enfraquecimento dos órgãos de fiscalização e o estímulo à produção de *commodities* agrícolas na região foram o sinal de que os infratores precisavam.

A volta do desmatamento também atingiu quem estava imune a essa chaga. As terras indígenas foram desmatadas no ano passado em 188 quilômetros quadrados. Porém, uma análise mais profunda desse dado mostra que a terra indígena mais desmatada é Cacheira Seca, na bacia do Rio Xingu, no Pará. Ela está localizada na área de influência da hidrelétrica de Belo Monte. O Estudo de Impacto Ambiental (EIA) da usina já anunciava que, antes do início da obra, eram necessárias medidas de proteção da área contra a invasão de grileiros e madeireiros. A obra saiu do papel, mas as medidas de proteção, não. O resultado é o título de campeã do desmatamento.

Indígenas protegem o bioma

Esses dados mostram também que as terras indígenas são mais eficazes contra o desmatamento do que unidades de conservação, como parques e florestas nacionais, cujo desmatamento ainda é maior do que o das terras indígenas invadidas. Portanto, o verdadeiro guardião do desmatamento na Amazônia é o indígena.

Pena que o governo federal esteja na contramão. No início de 2017, o ministro da Justiça e Cidadania, Alexandre de Moraes, assinou uma Portaria que criava mais obstáculos para o reconhecimento de terras indígenas no Brasil. Não podia fazer isso! Primeiro, porque

Comunidade Indígena Maturuca, região Serras da Terra Indígena Raposa Serra do Sol.

alterava um decreto do presidente da República que lhe é superior. Depois, porque dava poderes a um grupo de desfazer o estudo antropológico realizado pela Funai.

As críticas foram tantas que o ministro revogou a Portaria dias depois. Sua justificativa foi "evitar qualquer interpretação errônea". A nova Portaria retirou os obstáculos novos para o reconhecimento de terras indígenas, mas não retirou a criação de mais um órgão na infeliz burocracia governamental. Trata-se de um grupo de trabalho para assessorar o ministro nos processos de reconhecimento de terras indígenas. Não precisava. A Funai está na estrutura do Ministério para esse fim.

Portanto, o bioma Amazônia corre risco. O alerta da Campanha da Fraternidade de 2017 está dado. Nosso auxílio na defesa dos direitos indígenas é um dos caminhos mais eficazes para proteger a criação.

ABRIL INDÍGENA

A campanha é um primor contra o preconceito: ainda hoje há escolas no Brasil que ensinam que o indígena deveria ser do mesmo jeito que era em 1500.

Abril é o mês de grande mobilização dos povos indígenas do Brasil. Aproveitando o 19 de abril – Dia do Índio, as entidades da sociedade civil que se dedicam, de alguma forma, à defesa dos direitos dos povos indígenas, fazem, tradicionalmente, uma grande campanha nacional de mobilização, com seminários, passeatas, audiências públicas, utilizando *slogans* como #MenosPreconceitoMaisÍndio ou #AbrilIndígena, nas redes sociais.

Uma dessas campanhas, promovida pelo Instituto Socioambiental (ISA), traz imagens do cotidiano da aldeia do povo Baniwa, às margens do Rio Negro, no Amazonas. O filme mostra os indígenas tecendo flechas e cestaria, tomando banho no rio, estudando e se divertindo.

A surpresa é que um narrador, em língua baniwa, faz o contraste entre a narração e as cenas. Após se apresentar, ele diz: "Vivemos pelados", enquanto aparecem os indígenas vestidos. Ele diz: "Vivemos isolados", enquanto aparece um grupo no interior da casa, à noite, assistindo à televisão. Ele diz: "Vivemos não conectados", enquanto se vê uma jovem na aldeia manipulando o celular com fone no ouvido. Ele diz: "Estamos sempre de cocar", enquanto alguns adultos são vistos de boné, tecendo flechas e pescando. Ele diz: "Comemos com a mão", enquanto dois jovens estão sentados em redes, comendo com prato e colher. Ele diz: "Cortamos o cabelo sempre igual", enquanto aparecem rostos de jovens com cortes de cabelos diferentes. Ele diz: "Não temos pátria", enquanto se vê um jovem jogando futebol na aldeia com o uniforme canarinho.

O contraste prossegue até que o narrador diz: "Pelo menos era assim em 1500. Se tudo mudou e você continua sendo *homem branco*, por que a gente não pode mudar e continuar sendo índio?". A campanha é um primor contra o preconceito. Ainda hoje há escolas no Brasil que ensinam que o indígena deveria ser do mesmo jeito que era em 1500. Pois, se já não for o mesmo, deixa de ser indígena: "Se falam português, não são mais indígenas", diriam alguns. Se é assim, os indígenas também podem nos acusar de não sermos mais brasileiros, já que alguns de nós, e muitos de nossos filhos e netos, falam inglês, por exemplo.

Solidariedade e protestos

Esse preconceito contra os indígenas permeia toda a sociedade brasileira e chega até o mais alto escalão do Governo. Prova disso é que o ministro da Justiça e Segurança Pública, Osmar Serraglio, nomeado em fevereiro de 2017, em sua primeira entrevista à *Folha de S.Paulo*, sobre as reivindicações dos indígenas por território, tentou apagar incêndio com gasolina. Disse, Sua Excelência, que "terra não enche barriga de ninguém". A frase ajudou a amplificar a campanha neste *Abril indígena*.

A reação veio na velocidade da internet, e de todos os lados. O Conselho Indigenista Missionário (Cimi), órgão ligado à Conferência Nacional dos Bispos do Brasil (CNBB), por exemplo, publicou uma nota de repúdio declarando que para os povos indígenas, a terra é de importância fundamental não só para suprir suas necessidades alimentares, mas também para preencher de sentido e plenitude sua existência individual e coletiva... As declarações do ministro causam forte preocupação, já que servem de combustível que abastece motosserras e tratores daqueles que historicamente invadiram e continuam se apossando ilegal e criminosamente das terras indígenas no Brasil.

A nota termina com uma exortação que pode ser estendida a todos nós:

O Cimi se solidariza com os povos indígenas diante de tão grave ataque, reafirma o compromisso de continuar empenhado na defesa da vida dos povos e exorta as diferentes instâncias dos três poderes do Estado brasileiro a respeitar e cumprir os ditames constitucionais.

Jovem comunicadora do povo Munduruku às margens do Rio Tapajós, no estado do Pará

AMEAÇA SILENCIOSA AO BIOMA PANTANAL

> É evidente que a destruição paulatina e silenciosa de um bioma que abriga 4,7 mil espécies da fauna e da flora não mudará apenas a vida dos pantaneiros.

Se o plano do governo federal sair do papel, o Pantanal corre sério risco. Há previsão de que 137 novas hidrelétricas sejam construídas nos rios formadores do bioma. Atualmente, há 41 delas em funcionamento. O Governo as chama de Pequenas Centrais Hidrelétricas (PCHs), porque geram, em sua maioria, até 30 megawatts de energia apenas. Afirma que os estragos são pequenos. Mas não é isso que dizem os cientistas.

O Instituto Nacional de Ciência e Tecnologia em Áreas Úmidas (INCT ou Inau), por exemplo, atestou que essas hidrelétricas alagam áreas de até 13 quilômetros quadrados, o que seria considerado de baixo impacto. Porém, elas são construídas em cascata sobre os rios pantaneiros, ignorando os efeitos sinérgicos e cumulativos.

Um desses efeitos pode ser visto a olho nu. Os rios que possuem essas barragens estão se tornando mais claros na direção da foz. A explicação para tal fenômeno é que as barragens, mesmo pequenas, retêm sedimentos que são carregados pelos rios. Esses sedimentos são nutrientes importantíssimos para a fauna aquática. A água passa. Os nutrientes, não.

A Universidade Federal de Mato Grosso (UFMT), após 3 anos de pesquisa, revelou que o impacto é terrível sobre o equilíbrio do bioma, sobretudo em relação aos peixes. Seus predadores visuais são os primeiros favorecidos. Mas há consequências mais graves.

Todo pantaneiro sabe que muitas espécies de peixes sobem os rios para desovar. Os peixes encontram uma barreira física intransponível: a barragem. O estudo indica que, se todas as hidrelétricas forem construídas, 30% das potenciais rotas de migração dos peixes serão perdidas. E, para quem achava que as pequenas hidrelétricas eram insignificantes, a pesquisa provou que essas barragens em série provocam um impacto devastador.

Água é vida

Para que a população pantaneira mantenha sua cultura, seu modo de vida, é necessário, todo ano, que seus rios invadam 250 mil quilômetros de terras. Esse é o segredo para o êxito da pecuária extensiva e da pesca. As águas fertilizam as terras e promovem a entrada de peixes

O conhecimento dos biomas, da fauna e da flora é o primeiro passo rumo à preservação.

nos locais de fartura de nutrientes. Esse equilíbrio está sendo quebrado de maneira silenciosa, sem que a sociedade brasileira tenha conhecimento, embora não faltem estudos sobre o tema aqui e até no exterior.

A Universidade Radboud, da Holanda, por exemplo, que estuda as mudanças climáticas, está desenvolvendo uma pesquisa que vai dar o que falar. Ela quer conhecer a importância das plantas aquáticas pantaneiras na retenção de gases do efeito estufa. E já compara a importância do Pantanal à da Amazônia nesse tema.

Uma dessas plantas é comum na região. Trata-se do aguapé. Os pesquisadores suspeitam que as bactérias que se instalam em suas raízes consomem o metano, e isso é fundamental para que esse gás não seja liberado na atmosfera, já que se trata de um dos maiores causadores do efeito estufa.

É evidente que a destruição paulatina e silenciosa de um bioma que abriga 4,7 mil espécies da fauna e da flora não mudará apenas a vida dos pantaneiros. Aliás, é essa convivência ser humano-natureza que acaba de ganhar, com acesso livre na *internet*, uma profunda análise. Trata-se da obra *Biomas do Brasil: da exploração à convivência*. Nela, o genial Ivo Poletto mergulha nos biomas brasileiros para defini-los como realmente devem ser: *berços da vida*. O conhecimento dos biomas nacionais é o primeiro passo rumo à preservação.

DE ATAQUE EM ATAQUE

Não houve mortes, mas os danos físicos e morais não desaparecerão.

Chegamos na metade do ano (2017) e já podemos prever que ele vai ficar conhecido como o ano de *ataque aos povos da floresta*. Não se trata apenas de ataque aos seus direitos, mas de ataques físicos. A Chacina de Colniza, em Mato Grosso, que vitimou 9 pessoas, parece mostrar que não há terras para agricultores rurais, quando as disputam com fazendeiros e madeireiros. E – pasmem – trata-se de uma população que coloca comida em nossa mesa, já que cerca de 70% dos alimentos não vêm do agronegócio, mas sim da agricultura familiar.

Em seguida, um ataque violento contra o povo indígena Gamela, no Maranhão, que há décadas luta pela retomada de seu território. Por sorte não houve mortes, mas os danos físicos e morais não desaparecerão. Esse povo teve o seu território reconhecido pela Fundação Nacional do Índio (Funai), através de um laudo técnico complexo, conhecido como Relatório Circunstanciado de Identificação e Delimitação (RCID). Esse documento comprovava que a área que hoje está ocupada por fazendeiros é terra indígena.

Com a demora da Funai em promover a retomada da área, o povo indígena resolveu agir por conta própria. Reocupou uma pequena porção, expulsando os *brancos*. A resposta dos fazendeiros veio em forma de ataque violento. A da Funai foi patética: não há servidores suficientes para resolver problemas como esse. Uma semana antes, a própria Funai havia mandado para a rua centenas de servidores, numa espécie de "reestruturação". Atingiu áreas de licenciamento e de proteção a indígenas isolados – aqueles que não possuem contato com nossa civilização.

Mas o ataque oficial ao povo Gamela viria em seguida. O Ministério da Justiça e Segurança Pública (leia-se Osmar Serraglio) lança nota oficial e diz que vai averiguar ataques a "supostos indígenas" no Maranhão. É verdade que logo depois o termo "supostos" foi retirado, mas já era tarde.

O lapso diz mais do que a nota oficial. Demonstra a arrogância do Governo em querer dizer quem é índio e quem não é no Brasil. Demonstra a incompetência do Governo em tratar da questão indígena. Demonstra o preconceito ao exigir que os indígenas vivam da mesma forma que nossos livros de História mostravam.

Terra sem lei

Em qualquer país de governo evoluído, os episódios do Mato Grosso e do Maranhão fariam com que o presidente da República ou seus ministros se deslocassem ao local do crime. Fariam pronunciamento público. Anunciariam medidas urgentes para conter a violência no campo.

Não foi o que se viu no Brasil. Ao revés, o presidente e o primeiro escalão não se dirigiram à Nação, cabisbaixos e consternados. Aliás, nem se dirigiram à Nação como os ataques mereciam. No caso da Chacina de Colniza, quem se pronunciou foi o bispo de Juína, Dom Neri José Tondello, ao declarar que "a região está em processo de emancipação. Por ora ocupada em regime de 'terra sem lei'. Contudo, é a lei do mais forte que prevalece em estado de barbárie. Os pequenos são dizimados, sem proteção, e os fatos quase sempre sem resposta".

Não há terras para trabalhadores rurais quando as disputam com fazendeiros e madeireiros?

    A Comissão Pastoral da Terra (CPT), pouco antes dos ataques, já havia anunciado que 2016 resultou em recorde de casos de violência no campo. Foram 1.079 ocorrências. No ano de 2015, 771. Com a Chacina de Colniza/MT e a tentativa de Massacre dos Gamela/MA corre-se o risco de um novo recorde em 2017. E não se vê nenhum plano ou ação especial por parte do Instituto Nacional de Colonização e Reforma Agrária (Incra), da Funai ou da Polícia Federal.

    Não é de se estranhar que o governo Temer tenha um índice de aprovação tão baixo.

PAU D'ARCO

Nove homens e uma mulher foram assassinados em Pau D'Arco, sudeste do Pará.

Não há dúvidas de que o ano de 2017 ficará marcado como um dos mais sangrentos contra a população campesina do Brasil. Num espaço de 35 dias, houve 3 massacres e uma tentativa. O saldo foi de 22 mortos. No último, e maior deles, em 24 de maio, 9 homens e 1 mulher foram assassinados no município de Pau D'Arco, sudeste do Pará.

Na versão oficial, as vítimas eram criminosos que invadiram a Fazenda Santa Lúcia e estavam fortemente armados. Sob a justificativa de cumprir mandados de prisão, as Polícias Civil e Militar partiram para o local com 29 homens. Dizem que foram recebidos a tiros e revidaram.

De início, salta aos olhos uma operação policial planejada com quase o mesmo número de pessoas que lhe confrontariam. Depois, um "confronto" sem nenhum arranhão no lado policial. Por fim, vítimas mortas, com tiros nas costas e nas nádegas, e retiradas de corpos do local do crime sem esperar a perícia.

Não houve confronto. Houve massacre. Reforça essa tese o trabalho da jornalista Ana Aranha, da ONG Repórter Brasil. Ela foi a primeira a entrevistar os sobreviventes: "A gente ouviu alguns colegas chorando antes de morrer".

Criação de bovinos no estado do Pará. A pecuária é uma das responsáveis pelo alto índice de desmatamento na Amazônia.

Latifúndio e grilagem

A causa remota do conflito merece destaque. A forma de aquisição dessa fazenda está sob suspeita de *grilagem* – terra pública registrada em cartório como particular. No Pará, se todos os registros em cartório fossem ocupados, teria 3,9 vezes o seu imenso território. A conclusão é do Tribunal de Justiça do Estado do Pará, que instituiu a Comissão Permanente de Monitoramento, Estudo e Assessoramento das Questões Ligadas à Grilagem de Terras.

Portanto, de um lado, há um latifúndio suspeito de grilagem. De outro, dezenas de famílias tentando produzir em regime de agricultura familiar, modelo de cultivo que coloca mais de 70% da comida em nossas mesas.

Trata-se do confronto entre o modelo de desenvolvimento predatório e o modelo de desenvolvimento socioambiental. O primeiro se instalou na Amazônia, desde a década de 1970. Suas atividades principais são: madeira, pecuária, mineração, incluindo água para hidrelétricas, e monocultura. Todas as vezes em que ocorreram massacres na Amazônia houve, de um lado, um representante do modelo predatório defendendo uma das atividades citadas.

Do lado das vítimas, a tentativa de produzir em um modelo de desenvolvimento que integra preservação ambiental com desenvolvimento econômico. Em Pau D'Arco, a atividade seria o agroextrativismo.

Ainda no Pará, o resultado do modelo predatório imposto continua evidente. O município de Altamira, local da construção da hidrelétrica de Belo Monte, foi o mais violento do Brasil em 2015 – época em que a construção da usina estava a todo vapor. O dado oficial é do Instituto de Pesquisa Econômica Aplicada (Ipea), recentemente divulgado.

O Massacre de Pau D'Arco somente tem paralelo com o Massacre de Eldorado dos Carajás, na mesma região, em abril de 1996, que vitimou 19 trabalhadores rurais. Poder-se-ia dizer que regredimos 21 anos. Porém, regredimos muito mais.

A nota pública das Pastorais do Campo alerta que "o ano de 2017 promete superar o de 2016, que foi recordista em ocorrências de conflitos de terra no Brasil, nos últimos 32 anos". E traz uma pista para quem quiser saber o porquê do aumento da violência no campo:

> É evidente que esta exacerbação dos conflitos agrários em número e violência tem ligação com a crise política e com o avanço das forças do agronegócio sobre os poderes do Estado brasileiro. Os desmandos autoritários da cúpula da República, com seu jogo de poder servil aos interesses da minoria do capital, vilipendiam os direitos sociais e relativizam os direitos humanos.

CADÊ A ILHA QUE *TAVA* AQUI?

Os sedimentos que o Rio Amazonas carrega são responsáveis também por fazer da Amazônia a região campeã mundial em biodiversidade.

É comum para qualquer assíduo navegante do Rio Amazonas se perguntar: *cadê* a ilha que *tava* aqui? O rio possui tanta força e carrega tantos sedimentos que não deixa sua paisagem no lugar. Sempre tira uma parte de terra de um lado e a repõe em outro. Trata-se do fenômeno das *terras caídas*. É assim desde sua nascente nos Andes até sua foz no Atlântico. Esses sedimentos dão a coloração barrenta ao *Rio Mar*.

Outros rios amazônicos possuem cor clara ou translúcida. Quando eles deságuam no Rio Amazonas, promovem o belo fenômeno do encontro das águas. As águas claras desses rios correm ao lado das águas barrentas do Amazonas por quilômetros a fio. Em dois lugares, tal fenômeno é mais visitado: em Manaus (AM), na foz do Rio Negro; e em Santarém (PA), na foz do azulado Rio Tapajós.

Os sedimentos que o Rio Amazonas carrega são responsáveis também por fazer da Amazônia a região campeã mundial em biodiversidade. São 500 milhões de toneladas de nutrientes que todos os anos ajudam a fertilizar a região. Esses nutrientes chegam até a

Guiana e à maior área de manguezal contínuo do mundo, na costa do Pará e do Maranhão.

O ribeirinho amazônida não se queixa da água que invade seu quintal e sua plantação todos os anos. Ao contrário, até deseja que isso aconteça – desde que não seja uma cheia anormal –, pois, quando passa o período, a terra se renova com nutrientes trazidos pelas águas. Talvez seja o maior programa de fertilização do solo de que se tenha notícia.

Nova ameaça

Pesquisa divulgada em 2017 pela conceituada revista científica *Nature* deu um alerta jamais esperado. O Rio Amazonas pode ficar com suas águas menos barrentas, o que significa menos peixe e terra menos fértil. O mesmo pode acontecer com os demais rios amazônicos.

A notícia chegou ao Brasil através do jornalista Claudio Ângelo, do Observatório do Clima. Ele informa que a causa para esse verdadeiro colapso ecológico é a construção de mais de 500 hidrelétricas na região, nas próximas décadas. Muitas delas já foram construídas e estão retendo os sedimentos que esses rios carregavam, como, por exemplo, as hidrelétricas de Jirau e Santo Antônio, no Rio Madeira, em Rondônia.

O geólogo argentino Edgardo Latrubesse, responsável pela equipe de 16 cientistas que estudam o tema, informa que a China, ao concluir a construção no início do século da hidrelétrica das Três Gargantas – a maior do mundo –, vive um drama. O Rio Yangtzé perdeu 70% dos sedimentos que carregava – uma tragédia que os chineses ainda tentam reverter.

No Brasil, os impactados diretamente pelo problema são povos e comunidades tradicionais que vivem e dependem dos rios amazônicos. O Rio Teles Pires, em Mato Grosso e Pará, por exemplo, sofre o impacto de duas barragens recentes, e que não distam 50 quilômetros uma da outra – São Manoel e Teles Pires. Na vizinhança estão os povos indígenas Kayabi, Munduruku e Apiaká. Eles resolveram sair da invisibilidade que lhes foi imposta e utilizar nossas armas tecnológicas para serem ouvidos.

Com a ajuda do Instituto Centro de Vida (ICV), fizeram vídeos com depoimentos sobre o que aconteceu com o Rio Teles Pires depois das barragens. O material está circulando na internet com o sugestivo nome de "Vozes dos atingidos". Os entrevistados mostram uma lógica de pensamento completamente diferente da propagada pela sociedade dominante. Denunciam que os peixes diminuíram drasticamente, comprometendo sua segurança alimentar; alertam

Montanha da Bela Adormecida no Rio Negro: nenhum ribeirinho merece que a paisagem do seu rio se torne monótona.

que as águas estão poluídas e causam doenças de pele; informam a fuga dos animais...

É necessário conter a sanha *barragista* que promove desastres, como o do Rio Xingu, com a hidrelétrica de Belo Monte – a mais polêmica de todas. Nenhum ribeirinho merece que a paisagem do seu rio se torne monótona, sem a surpresa de sua transformação, que torna a vida dinâmica e alegre.

O KUARUP E A ESTRADA

Os indígenas sabem que as estradas são o maior vetor de desmatamento da região.

A mais famosa das terras indígenas do Brasil é o Parque Indígena do Xingu (PIX). Ele possui 2,8 milhões de hectares e abriga 16 diferentes etnias. É fruto da saga dos irmãos Villas-Bôas, que conseguiram sua demarcação em 1961. Esse processo já foi contado em vários livros e também em filmes, dos quais se destaca o épico *Xingu*, do diretor Fernando Meirelles.

O PIX se localiza ao norte de Mato Grosso, local de quase impossível penetração até os anos 1970. Porém, com a construção de estradas, o avanço do latifúndio foi rápido. Na década de 1990, a ameaça ao santuário já era real. O desmatamento chegou até sua divisa. Foi aí que se tomou conhecimento de que as nascentes dos rios que correm como artérias no PIX estavam fora da área, incluindo a principal delas, a do Rio Xingu.

Há certo período em que as chuvas escasseiam na região que faz a transição entre a Amazônia e o Cerrado. É também nessa época que se celebra a colheita. Tempo de se reverenciar os mortos para os povos Kamaiurá e Yawalapiti, que promovem um longo

Aldeia Ipatse, Parque Indígena do Xingu, comunidade dos Kuikuro.

ritual, chamado de Kuarup, nome dado a uma madeira que simboliza o herói mítico dos Kamaiurá, criador das mulheres.

Em verdade, a cerimônia começa muito antes, com o enterro de uma liderança. Uma das formas de enterrar o morto é cavando 2 covas, ligadas por um túnel. Em cada cova, um tronco de madeira. O corpo é colocado no túnel com os punhos amarrados em cada tronco. Tempos depois, é pedido aos parentes mais próximos que construam uma cerca em volta da tumba. Se houver aceitação, o ritual se inicia e vai até essa época do ano, quando se faz a grande festa, com muita comida, bebida, dança e luta corporal, em que representantes da aldeia anfitriã lutam contra representantes das aldeias convidadas.

Para representar os mortos, os troncos são pintados e ornamentados. Depois são colocados no centro da aldeia que sedia o ritual naquele ano. A crença é de que os espíritos dos mortos ficam junto aos troncos. O ritual também serve para a apresentação das moças em fase de puberdade, que se encontravam reclusas por semanas até esse dia.

Cultura ameaçada

O Kuarup deste ano, celebrado pelo povo Yawalapiti, ocorreu na aldeia Aweti, com uma grande preocupação. As aldeias mais próximas do limite sul do PIX estão se deslocando para o centro. Pois as grandes plantações de soja estão envenenando os rios, como o Tuatuari, que já perdeu volume e está poluído, como denuncia o famoso líder indígena Aritana.

O mais grave é denunciado pelo líder Kanato Atayawana. Ele informa que há grupos de índios isolados na região – aqueles que se recusam a ter contato com outros indígenas e *brancos* –, e que não resistiriam às doenças que chegam sobretudo com o agrotóxico jogado de avião sobre a plantação. Eles lutam pela ampliação da terra, sobretudo no limite sul, e contra a construção da BR-242, que liga Gaúcha do Norte a Querência. O traçado da rodovia está a 10 quilômetros da terra indígena. Os indígenas sabem que as estradas são o maior vetor de desmatamento da região.

O que os indígenas não sabiam é que o presidente Temer, para conseguir os votos dos deputados e garantir que o Supremo Tribunal Federal não recebesse a denúncia feita contra ele pelo então procurador-geral da República, Rodrigo Janot, fechou um acordo com a bancada ruralista, que possui 211 deputados federais. Fez parte desse acordo uma série de medidas, dentre elas a construção da BR-242.

A descoberta do acordo coube ao jornalista Rubens Valente, da *Folha de S.Paulo*. Antes da votação na Câmara dos Deputados, em agosto, o presidente se comprometeu com a construção da estrada, cujo licenciamento está na fase inicial. Antes, havia a negociação de um traçado alternativo que se distanciava mais do PIX.

As lideranças indígenas da região reagiram em carta contra o Governo. Não parece que isso surtirá efeito. O Governo mais impopular do Brasil não parece estar preocupado com os impactos da rodovia sobre os indígenas ou o meio ambiente.

O Kuarup deste ano teve conotação diferente. Não serviu apenas para reverenciar os mortos, mas também para montar estratégias de preservação de sua viva cultura, diante de um projeto que poderá expulsar aqueles que habitam o sul da mais famosa terra indígena do Brasil.

A RENCA

Ao abrir mais um santuário da Amazônia a uma das atividades mais poluidoras do planeta, a mineração, comunidades inteiras serão afetadas.

Com o perdão do trocadilho, o Governo entrou numa encrenca ao extinguir Reserva Natural do Cobre e Associados (Renca). Trata-se de uma área de 47 mil quilômetros quadrados na divisa do Pará e Amapá. É o equivalente ao Estado do Espírito Santo. O ato do presidente Temer ocasionou reação imediata. Artistas protagonizaram vídeos em defesa da reserva. Cerca de duzentos bispos de nove países da Pan-Amazônia assinaram nota de repúdio ao ato. Um grande abaixo-assinado com 1,5 milhão de assinaturas foi entregue no Congresso Nacional.

O Governo, no início da reação pública, fingiu que recuou. Lançou novo decreto, apenas deixando claro que as terras indígenas e algumas de unidades de conservação não seriam submetidas à mineração. Não precisava. As leis do Brasil já dizem isso.

A polêmica aumentou quando o jornal *O Globo* descobriu que o ministro das Minas e Energia, Fernando Coelho Filho, cinco meses antes, anunciou a extinção da Renca às mineradoras do Canadá, em Toronto. Em seguida, o mesmo jornal anunciou que o Ministério do Meio Ambiente havia editado uma Nota Técnica contra a extinção da reserva há dois meses do ato.

Aí não houve jeito, o Governo suspendeu o decreto por quatro meses e, depois, o revogou. Porém, declarou que abrirá o assunto para discussão pública. Supondo que o Governo esteja sendo sincero, vou colocar farinha nesse pirão, dando apenas um argumento para que a reserva continue.

A Renca fica

Na Renca existem duas terras indígenas (Waiãpi e Rio Paru D'este) e sete unidades de conservação. Quatro destas podem ter mineração em suas terras. Ou seja, pode haver mineração muito perto dos indígenas. E o efeito da mineração sobre essa população é trágico. Basta lembrarmo-nos dos Yanomami (RR), Cinta-larga (RO) e Xikrin do Cateté (PA). Neste último caso, o drama acaba de ter uma decisão a favor dos indígenas pelo Supremo Tribunal Federal. Vamos aos fatos.

Em 2004, a mineradora canadense Canico Resource Corporation solicitou licença para explorar uma gigantesca mina de níquel numa área conhecida como Onça Puma, no sul do Pará. A área era um santuário e estava a cerca de 12 quilômetros da terra do povo indígena Xikrin do Cateté. Mais adiante estava a terra do povo Kayapó.

No mesmo ano, a empresa apresentou um estudo mostrando o impacto da mineração sobre os povos indígenas. A Funai considerou o estudo insuficiente e determinou complementação, o que foi feito no ano seguinte. Porém, a Funai demorou cinco anos para analisar o novo documento.

Em 2005, a empresa canadense foi comprada pela Vale S.A. A exploração do metal começou sem considerar seus efeitos sobre os povos indígenas que, em 2011, bateram à porta do Ministério Público Federal (MPF). Já era tarde. Os indígenas se queixavam que o chão tremia com as bombas advindas da operação do empreendimento, afugentando a fauna e prejudicando a caça. Disseram que o Rio Cateté estava contaminado, o que acarretava uma série de doenças.

Uma ação civil pública foi movida para assegurar indenização aos indígenas. Coube ao desembargador Souza Prudente, do Tribunal Regional Federal de Brasília, decidir que a empresa deve indenização aos indígenas para que estes possam, entre outras coisas, pagar a descontaminação do rio. Mandou também suspender as atividades de mineração na Onça Puma.

O processo chegou até o Supremo Tribunal Federal que, no meio de 2017, confirmou a decisão. O ministro Luís Roberto Barroso, citando os argumentos do MPF, disse que há indícios de enfermidades como lesões dermatológicas, angioedemas deformantes e cefaleias, que não eram registradas em comunidades indígenas da região. Mencionou também o aumento anormal de deficiências congênitas em recém-nascidos indígenas.

Portanto, ainda que a exploração da Renca não se dê dentro das terras indígenas, o exemplo da Onça Puma deve ser levado em consideração para que o Governo desista de abrir mais um santuário da Amazônia a uma das atividades mais poluidoras do planeta – a mineração.

Criança da Comunidade Quilombola São José, na Reserva de Desenvolvimento Sustentável do Rio Iratapuru, Amapá.

Impresso na gráfica da
Pia Sociedade Filhas de São Paulo
Via Raposo Tavares, km 19,145
05577-300 - São Paulo, SP - Brasil - 2017